Photograph by Taichi Miyoda

はじめに

「パチッ!」と音がして、ティファールのお湯が沸いた。

今晩の夜食は日清カップヌードル。いつもの定番だ。お湯を注ぎ、フタをして3分。時計はすでに21時30分を指している。宿直の夜の、つかの間の休息。

ラーメンをすすり終わって一息ついたら、22時の消灯に向けて、園内の巡回に向かう。巡回の目的は、利用者の所在確認だ。

支援室のカギを閉め、懐中電灯の明かりをつけて園内を回る。この場所で暮らしている約100人の利用者も、この時間にはすでに寝ている。順番に部屋の扉をそーっと開けて、寝ている顔にライトがあたらないよう慎重に懐中電灯で中を照らして、部屋で寝ていることを確認していく。

ここは滋賀県にある、救護施設ひのたに園。

「救護施設」と聞いてピンとくる人は多くないだろう。それもそのはず、全国に186か所しかない、マイナーな施設だ。僕自身、見学に訪れるまで、こんな施設が日本中に存在していることを知りもしなかった。

救護施設は、生活保護法によって定められた保護施設の一つだ。住まいや仕事、身寄りなどを失った「ないない尽くし」の人が、即日入所できる数少ない施設。

この場所には、ホームレス生活を送っていた人、派遣切りにあった人、依存症で生活が破綻した人、刑務所を出ても行く先のない人、病院を退院した人、DVから逃げてきた人など、様々な事情を抱えたかたがやって来る。

この時間にはすでにすやすやと寝息をたてている人たちも、その一人ひとりが、それぞれの事情を抱えて、この場所にいる。

部屋を回り終わったら、食堂、お風呂、洗濯場、運動場、と園内をくまなく回って、異常がないか確かめていく。賑やかな昼間とは打って変わって暗く静まる園内を、懐中電灯の光を頼りに一人歩いていると、肝試しをしているような気分になる。

無事に巡回を終え、支援室に戻る。今日は1日バタバタしていたから、残った仕事は今度にして、すぐ寝てしまおう。そう思い、電気を消して仮眠室へ。朝5時には目を覚まして起きてきた人たちの介助や朝食の準備を始めないといけない。布団を敷いて、4時40分にスマホのアラームをセットし、眠りにつく。

はじめに

「ピピピッ」とアラームが鳴って目が覚める。まだまだ布団の中にうずもれていたい気持ちをなだめて、目をこすりながら起き上がる。

布団をたたんで廊下に出ると、すでに何人かが部屋から出てきている。「おはようございまーす」と起きたてのしゃがれ声で挨拶して、支援室へと向かう。１日の始まりだ。

救護施設の唯一の利用条件は、生活保護を受給できること。だから18歳以上なら、病気や障害があろうとなかろうと、年齢や性別に関係なく誰でも利用できる。現に、この施設でも頼れる身内のいない18歳の青年と、介助を受けながら過ごす85歳のおばあちゃんが、同じ屋根の下で暮らしている。

利用期間にも決まりはないから、派遣切りにあって入所して数日で仕事を見つけて出ていく人もいれば、何年、何十年もの間、ここで暮らし続けている人もいる。なんとも不思議な場所だ。他のあらゆるサービスや制度では支えきれない人がやって来るから〝最後のセーフティネット〟と呼ばれることもある。

そんなこの場所で、僕は働くことになった。

大学を卒業して、滋賀県に移り住み、救護施設で支援員として働く日々。ここにやって来る人は、初めて出会うような人ばかりだ。そもそも、生活保護を受給している人自体が周りにいなかった気がする。

ここで暮らす人は、どんな事情でこの場所にたどり着いたのか。どんな人生を歩んできて、どんな気持ちでこの場所で暮らし始めたのか。そしてここでどんな時間を過ごし、どこへ旅立っていくのか。

この本はそんな、日本の片隅にある施設で暮らしている人たちのこと、そして彼ら彼女ら一人ひとりとの出会いの物語だ。

よるべない100人のそばに居る。

〈救護施設ひのたに園〉とぼく

御代田太一
絵 金井真紀

河出書房新社

目次

＊本書に登場する利用者の方々の名前はすべて仮名です。
プライバシーに配慮し、一部地名、年齢、経歴なども実際の内容と変更しています。

エピソード

1

「気づいたら、記憶がなかったの」

記憶喪失でやって来た山室さん

万引きされたお菓子の山

２０１８年3月30日。社会人デビュー2日前。運転の練習と下見を兼ねて、自宅アパートから40分ほど車で走った先にある職場に向かってみた。Googleマップの指示に従って車を走らせると、道幅が広かったのもあって、危なげなくたどり着いた。特に用事はなかったが、中にいる職員さんに挨拶だけしようと車から降りると、スラッとした40代くらいの男性が近づいてきた。

「こんにちは〜！」

愛想のよい笑顔にはきはきとした声。職員さんだろうか。いずれにせよ、新人である僕を歓迎してくれたことにホッとした。と同時に、その人の顔をよく見ると、両方の鼻の穴からこれでもかというほど鼻毛がはみ出している。

「ここの職員さん、こういう感じなのか……」

この先、一緒に働いていくことを思ったら、ため息が漏れた。

4月1日、緊張の初出勤。事務所に入ると、机の上に置いてある大量のお菓子が入ったビニール袋が目に飛び込んできた。

「御代田（みよだ）くん、今日からよろしく。これすごい量のお菓子でしょ。持ってく？」

緊張している僕を気にかけてくれたのか、冗談めかして声をかけてくれた先輩職員に、

「これ、何のお菓子なんですか？」と尋ねると、前日、利用者の男性が近くの薬局で万引きしたものだという。お菓子だけで数千円にものぼる万引きだ。

昨晩、施設のすぐそばの歩道で警官にとり囲まれている利用者の姿を、車で帰宅する途中の職員が偶然見つけて発覚したのだそうだ。万引きは数回目で、警官もマークしていた。見つけた職員が慌てて駆けつけて事情を説明し、お菓子はその場で買い取ったうえで、利用者とともに施設に戻ったのだという。よく話を聞けば、その男性は軽い認知症があり、その症状もあって、万引きなどの行動に出てしまうことが続いていたのだという。

万引きなんて、学生時代に縁がなかった僕自身は、ワイドショーの万引きGメン特集くらいでしか見たことがなかった。「常習犯をついに確保」とか「変わる巧妙な手口」といったテロップが並び、万引きGメンに捕まって、連行された事務所で言い訳を並べている容疑者。顔にはモザイクがかけられ、ボイスチェンジャーで加工された不自然な甲高い声で話す。万引きGメンの「獲物」としてしか登場しない、その人の暮らしや生い立ちなどを想像することもなかった。けれどこの場所には、氏名を持ち、表情と肉体を持った、その

人が暮らしている。そんなことを考えると、少し鳥肌が立った。

到着後、施設についての簡単なレクチャーを受けた後、職員の詰め所に行くと、ちょうど昼食が終わった時間帯で、外出しようとする利用者たちが窓口に集まっていた。利用者が外出する時は、目的地と帰宅時間の目安を外出届に記入することになっているようだ。その内容を確認し、利用者証を渡すのが職員の役目。早速、その受付を任された。

「コンビニ」「図書館」「買い物」「さんぽ」

いろいろな目的地を書き込んで、そそくさと外靴に履き替えていく利用者たち。先輩に教えられた通り、窓口に来るかたに名前を聞き、利用者証を渡し、「お気をつけて～」と声をかけていると、見覚えのある顔が現れた。

「あ、この前駐車場で会いましたね～」

そう言われてハッとした。あの鼻毛の人だ。この人は、利用者だったのか。職員じゃなくて少しホッとした。でも、ここで暮らす人の中には、こんな若々しい見た目の人もいるのか。一体どんな事情でここにやって来たのだろうか。初日から、驚き続きだった。

ひのたに園の職員の1日は、朝9時半からのミーティングに始まる。

前日に起こった様々な出来事が、その日の朝に出勤した職員に申し送られる。

「○○さんが転倒していました。車いすから立ち上がろうとされたようです」

「○○さんがタバコを部屋で吸っていたので、タバコは必ず喫煙所で吸うように伝えています」

「○○さんですが、口に何か入れてモグモグしていたので様子を確認したら、他の利用者からもらったお茶パックを口に入れていました。飲み込むと危険だからと伝えて、すぐに出してもらっています」

いろいろな事情を抱えた100人の人間が、ひとつ屋根の下で24時間暮らしているこの場所では、1日経つ間にも、様々なことが起こるようだ。

100人分のケースファイルが入った棚には、今いる利用者たちの名前が並んでいる。ざっと見渡してみると、カタカナの名前もある。そういえば、見学の時にブラジル人をはじめ、外国人のかたもちらほら入所することがあると言っていたっけ。初めて目の当たりにする施設のリアルな日常にやや困惑しながらも、報告は続く。

「夕食後、○○さんと△△さんが食堂でもみ合いになっていました。二人を引き離して話を聞くと、○○さんが食事の献立をホワイトボードに書いていた時に、△△さんに『字が汚い』と言われたのがきっかけのようです。それぞれに、今後のトラブル回避のための助言をしています」

　名前を聞いて気がついた。○○さんとは、あの鼻毛の人だ。食堂にある大きなホワイトボードに、1週間の朝・昼・夜の食事メニューが書かれていたが、あの人が、職員が印刷した献立表を、目の悪い人も読めるよう大きく書き直してくれていたようだ。そういった形で職員の手伝いをしてくれている人もいるのかと感心する一方、あんな愛想のいい人が、字が汚いと言われたくらいで、もみ合いの喧嘩にまで発展するとは。

　ミーティングが終わると、朝のラジオ体操の時間だ。事務所に行って職員が全館放送でラジオを流す。

「ラジオ体操第一！　腕を前から上にあげて、大きく背伸びの運動から、はいっ！　いち、に、さん、し、ご、ろく……」

食堂のテレビ。
大相撲中継と
警察24時みたいな
密着ドキュメンタリー
が人気。

すでに外出している利用者も多く、強制参加でもないので、ミーティングを終えた職員と、ぱらぱらと部屋から廊下に出てきた利用者が音楽に合わせて身体を動かす。これでもかというほど大きく身体を動かす利用者もいれば、車いすに座った状態で、横の人の動きをちらちら盗み見て真似しながら、まるでオーケストラの指揮者のように肘（ひじ）から先だけを動かしている人もいる。そして音楽が鳴りやむと、またそれぞれの部屋に戻っていく。

利用者の部屋が並ぶ居住棟は3棟ある。入り口に近い方から、1号棟、2号棟、3号棟と呼ばれ、それぞれ女性棟、男性棟、男性棟だ。男女比がおおよそ7：3。それぞれの棟の端が中央廊下に続いていて、居住棟全体は、ちょうどカタカナの「ヨ」のような形になっている。

二人一部屋が基本で、互いのプライバシーの確保のため、カーテンで区切って過ごしてもらっている。中央の2号棟は車いすの男性利用者も無理なく過ごせるような設計。ベッドの設置された部屋が並び、幅広い廊下の中央には手すりのついたバリアフリーのトイレが構える。3号棟は身体の元気な男性利用者のための棟で、二人用の和室が20部屋近く並んでいる。

居住棟を抜けると、食堂へと続く。テーブルに大きく新聞を広げて、じっくりと読んでいる人。食事の献立を車いすに座ってボーッと眺めている人。外で草むしりをしている人。過ごしかたは様々だ。

食堂のテレビの前のスペースには、よく二人で行動している男性と女性の姿が目に映った。60代の男性と50代の女性。夫婦かと思うくらいの距離の近さだったが、そうではないらしい。二人とも10年ほど前に入所し、いつの日からかまるで熟年夫婦のように仲良くしているそうだ。テレビの前のソファに定位置があって、他の利用者とあれこれ喋(しゃべ)っていた。

1年で約60人の入退所

「研修も兼ねて、買い物に一緒に行ってきてほしいんやわ」

職員となって1週間が経とうとしていた頃、そう言われた。来月に退所予定で、引っ越しに向けて準備しているという男性の買い物だそう。言われるがまま、ついていくことに。

「ここ来る前はな、トラック運転手してたんや。俺は4トントラックやったんやけど、高速ですれ違った10トントラックの運転席に女が座ってた時は、恥ずかしかってんなあ」

ニトリで衣類ケースを物色しながら語ってくれたその男性は、脳梗塞で緊急搬送された後、ひのたに園へとやって来たそうだ。リハビリに特化した施設に移るために、1年間過ごしたひのたに園を退所する予定だという。他にも、仕事につく人やアパートを契約して一人暮らしを始める人、より手厚い介護を受けるために高齢者施設に移る人など、毎週の

ように入所者と退所者がいた。

アパートや仕事を見つけて退所するまでに時間がかかったり、すぐには仕事につくのが難しい、という状況の人もいる。そんな人たちのために数年前に作業班が立ち上げられた。

ひのたに園からの退所を目標に、基本的な仕事のマナーや生活のリズムを培うことをめざす、9人ほどのグループだ。車で10分の場所にある元老人ホームの一室を作業場にして、毎日決まった時間、地元の企業から受注した軽作業に励み、わずかだが工賃を稼ぐ。

実は、ひのたに園に在籍している人の手元に入るお金は、月7500円の「本人支給金」が基本となる。よっぽど計画的に貯金しない限りは、日々の飲み物やお菓子、タバコ代に消えてしまう額だ。そんな中、作業班での活動を通じて支払われる月1万円ほどの工賃も、参加のモチベーションになっていた。

就職して早々、そのグループの担当を命じられた。行き帰りの送迎から、作業の見守りと進捗管理、一人ひとりのメンバーとの細やかなコミュニケーションをするのが担当者の役目だ。

作業班への参加初日。まずは1日の基本的な流れや作業の手順を覚えるため、先輩について見学すると、メンバーたちは慣れた手つきで黙々と作業を進めていた。もともと工場のライン仕事を長年してきた人も多いから、こういった作業には比較的慣れているらしい。「作業班の担当になりました、御代田です」と初日にメンバーたちの前で挨拶したが、「よろしくね」と言ってくれる愛想のいい女性もいた一方で、男性陣は総じて無愛想な歓迎だった。

その中には、日野さんの姿もあった。

日野さんは記憶喪失状態でひのたに園にやって来た人だった。ある日、何かのきっかけで記憶を失い、訳も分からぬまま交番に助けを求めたが、最初は二日酔いと間違われて追い返されたそうだ。やむを得ず、路上で一夜を明かし、翌日も同じ交番を訪ねたところ「これはおかしい」と警察も勘づいて、その日のうちに市役所経由で、ひのたに園への入所が決まったのだという。

ひのたに園には、こんな人もやって来る。作業班に所属しているメンバーのプロフィールは事前に一通り予習したのだが、中でも特に印象的な人だった。

日野さんが交番で保護された時、持っていたのはSuicaだけだったという。念のため乗車履歴を照会してみたが、20分ほど離れた駅から乗ってきたということしか分からなかった。それゆえ、名前も分からなければ、住所も職業も、親戚や友人とつながる手がかりも、病気や障害があるのかも、そもそもなぜ記憶喪失に至ったのか、何もかもが分からない状態だった。

名前がないのではどうにもならないので、園内では「日野一郎」という仮名を使って日々を過ごしていたのだが、見た目は本当に「普通の人」だった。筋肉質の引き締まったガタイのいい身体に落ち着いた性格で、作業班にもなじんでいたが、肝心の記憶は一向に戻らないままだったこともあり、最初の頃は特に気にかけていた。

「なんも分からんやつが手え出すな！」

作業班の作業の中身はといえば、市販の南京錠の検品や組み立て、シートベルトの部品の製造など。どれもシンプルなものだが種類がやたらと多く、不良品の見分けかたや、機械の故障時の対応など、すぐには覚えきれない部分も多かった。

「9人の利用者を相手に、僕みたいな新米一人で大丈夫だろうか……」

そんな心配を頭の片隅に置きつつも、2回ほど先輩についてレクチャーしてもらった後、ついに自分だけの日がやって来た。

集合時間になって僕が車のカギを開けると、10人乗りのキャラバンにみんなが乗り込み、作業場へと出発する。運転席に座る僕の後ろに、9人のメンバーが座り、みんな気だるそうに窓の外の田んぼを眺めている。まるで日雇い派遣労働者のドライバーにでもなったような、不思議な気持ちだった。

先輩がやっていた通り、時間になったらチャリンチャリンと鈴を鳴らして作業を始めてもらう。誰がどの作業につくかは、当日担当した職員が最初に指示することになっていたが、すっかり慣れているメンバーたちは、僕の指示も待たず、さっさと作業にとりかかる。最初は職員である僕が、遠慮がちに交ぜてもらうような状態になってしまった。

そんな恐る恐るのスタートだったが、何度か一緒に作業に入るうちに、作業の手順もつかめてくる。全体の工程が見えてくると、次第に非効率な箇所も目につくようになった。

そして自分一人で担当するようになって3回目の日、思い切って作業の手順を見直すことを提案してみることに。こんな新米が口を出すと生意気だと思われるだろうかと少し躊躇(ためら)ったが、

「自分は職員なのだから当然の振舞いだ。それに、より効率的な手順の方がみんなにとってもいいはずだ」

と思い直し、少し勇気を出して「こうしたらいいんじゃないですか？」と僕のイメージを伝えてみた。口だけの説明では分からないかもしれないと、それぞれの部品の置き場所も実際に動かしてみた。

「このやりかたの方が効率的だし、ミスも少ないと思うんですが、どうでしょう？」

我ながらいい提案ができたのではないか。やっと職員らしいことができた。これでメンバーの皆さんにも一人前と認めてもらえるかもしれない。そんな風に思った次の瞬間に返って来たのは、期待とは正反対のリアクションだった。

「なんも分からんやつが手ぇ出すな！」

あまりの大きな声に身体が文字通りビクッと震えた。横を見ると、怒号の主は富岡さんだった。

富岡さんはすでに1年以上、作業班に参加している男性だ。入所前にも工場で長年働いていた経験があり、作業の進めかたは人一倍熟知しているベテラン。作業班の中でもリーダー的な存在感を放っていた人だった。そういえば富岡さんには以前、荷物の準備に手間取って、集合時間に僕が5分遅れてしまった時に、「何やっとんじゃ！」と怒鳴られてしまった過去もあった。まだ担当になって間もない若造である僕が慣れ親しんだやりかたを邪魔したことで、富岡さんの逆鱗に触れてしまったのだ。

その場にいる職員は僕一人。普段は無口だが、大柄で威圧感のある富岡さんが声を荒らげたのを見て、他の利用者も関わりたくないのか、何も起きていないかのように黙々と作業を続けている。

「あ、でも、この方が、作業がやりやすいかなと思って。事前に相談するべきでした。すみません……」

怒鳴られた衝撃で心臓をバクバクとさせながらも、必死に平静を装ってその場を取り繕った。しかし富岡さんは僕の弁明には耳を傾けるそぶりも見せず、僕が動かした部品たちを荒い手つきで元の場所に戻していった。そのあまりの剣幕に、せっかくの提案は引っ込めざるを得ず、結局作業の手順は何も変わらないまま終了の時間になった。職員としては失格で、泣きだしてしまいたいような状況だった。

「無難にやり過ごせばよかった……」

そう胸のうちで後悔しながら、憔悴した気持ちで、園に帰るための車のカギを開けようとしていると、誰かに後ろからポンと肩を叩かれた。

「ちょっと真面目すぎやな、肩の力抜くんだべ、がんばれ」

その人はそう小さく告げて、車に乗り込んだ。とっさに振り返ると、日野さんの姿があった。ほんの2、3秒のことだった。

支える側が支えられること

日野さんは記憶喪失という状態にあった。考えてもみてほしい。自分に関するほぼ全ての記憶とそれらを取り戻す一切の手がかりを失っている状態を。かつて自分とともにあったはずの、家族との思い出や、学校で友人と過ごした日々、職場での同僚との時間といった、人のアイデンティティの地盤になるあらゆる記憶と情報から締め出され、今という時の中で一人ぼっちになっているようなものだ。ひのたに園を一歩出れば、頼れる人もおらず、この無慈悲な社会で生きていく術(すべ)はない。最も無力で、気遣われなければならない存在だ。

しかし気づけば、僕はその人に励まされていた。しかも、とても、さりげなく。作業場から帰る車中、運転席からバックミラー越しに車内を見ると、日野さんはついさっき僕を怒鳴りつけた富岡さんと談笑していた。日野さんは職員としてのプライドがボロボロになった僕の気持ちに気づきながら、富岡さんが生意気な新米職員に怒鳴りたくなる気持ちも理解していたのかもしれない。そう思うと、憔悴していた心が、じんわりと温められ楽になっていくのが分かった。

いろいろなものを失い、心身ともに傷ついた状態で救護施設にたどり着いた人は、無力で受動的な、支援を受けなければ生きていけない存在であって、そんな彼らの暮らしを支え、あるべき方向へと導くのが僕たち支援する側の役目なのだと、そう思っていた。支援する側と支援される側。それは一方通行で揺るがない。彼らはこちらの想いなどくみ取ってはくれないし、だからこそ適切に導かなければいけない。なんてったって、救護施設は「救って」「護る」場所なんだから。

しかし、日野さんはそんな僕の浅はかな固定観念を軽々と超えてきた。

日野さんは、その後も変わらずひのたに園で過ごしていたが、ある日、施設のカレンダーに載っていた東北の山の写真を見て、「この山、見覚えがある」と東北出身の職員にもらしたことを皮切りに、断片的に記憶が甦っていった。そして出身高校の卒業アルバムから氏名が分かり、ちょうど捜索届を出していた家族とも連絡がとれた。日野一郎さんという仮名で呼ばれていたその人は、東北出身の山室高志さんという名前の人だった。思えばその口調には、東北弁が滲んでいた。元は自衛隊にも所属していたらしい。どうりでガタイがいいわけだ。

数か月の後、家族のもとに帰ることが決まった山室さんに、別れの挨拶をしようと声をかけた。

「いろいろお世話になりました。山室さんがいなかったら、僕、作業班の時間しんどかったです。これからも元気で過ごしてください」

「あぁ、ありがとう。こっちこそ世話になったわ」

立ち話のまま、山室さんはここに来た頃のことも話してくれた。

「いやほんと、気がついたら記憶がなかったのよ。自分でも信じられないけど。今はこれからの生活に向けて、いろんな手続きに集中したいと思ってるわ。ここでの人間関係にも少し疲れたし。君はこれからが本番だけどね」

山室さんはそう言って笑っていた。

退所の日、事務所に挨拶に来た山室さんは深々と頭を下げて、職員にお礼と別れを告げた。そして迎えに来た市役所の車に乗り込んだ。東北の実家に帰って、まずは生活を立て直すのだろう。

あの日、山室さんに肩を叩かれたことを思い出した。日々の衣食住や次の生活に向けたステップアップを支えているのは僕らだが、もっと深い場所から、生きることそのものを肯定する力を与えてくれているのは、実は彼らの方なのかもしれない。

これからこの場所で、いろんな人とそうやって出会っていけるのだろうか。そんな淡い期待を抱きながら、山室さんが乗る車を見送った。

コラム#1

みずから去っていく人たち

新しい利用者の入所日。

到着したらまずは面談室に案内し、ひのたに園の職員が簡単な聞き取りや持ち物の確認などを行う。

救護施設は、「措置(そち)制度」のもとで運営される施設だから、福祉事務所の「この人には救護施設での保護がふさわしい」という判断のもとで「措置」された人が連れてこられる。みずからの希望でサービスを選択できる「契約制度」と区別され、入所者が事前にいくつかの救護施設を見学してどこにしようか選んだり、お試しで宿泊してみることはできない。だから、入所日が、初めてひのたに園という場所がどういうところなのかを知る日になる。

入所日に施設生活について説明を行うのだが、集団生活ゆえに、基本は二人部屋、入所中の飲酒は禁止、喫煙の時間や場所も限られている。その他にも細かな決まりごとがいくつかあるため、「そんなルールは守れない!」と言って入所を拒否するかたもいる。この施設に閉じ込められると警戒したのか、面談の途中で部屋を飛び出し、そのまま自転車で逃走してしまった人もいたくらいだ。

年間約60人いる退所者の経緯をま

とめたグラフには「アパートへの入居」や「派遣会社への就職」などに次いで、「自主退所」や「失踪」というかたが少なくない。「自主退所」というのは、行く当てがないままにも拘らず、退所の意志をはっきりと示したため、職員としてはもどかしい思いもありながらも、正式な手続きの後に退所してもらうケース。「失踪」とは何も言わずにいなくなってしまうケースのことだ。

　夜中のうちに出ていく人の場合は、毎朝5時の見回りで職員が気づく。高齢者や障害者の施設だったら、利用者がいないとなれば大騒ぎだが、救護施設ではこういうケースが時々ある。だから「もしかしたら、この人は突然いなくなるかもしれない」と思われた時点で、自力でもなんとかやっていけるだろう人については「もしいなくなっても、捜さない」と職員間で申し合わせることもある。

　ひのたに園にたどり着く人の中には、それまでの人生で福祉サービスを利用したことが一度もないという人も少なくない。そういう人の場合、福祉サービスに対する警戒心や、思いのままに暮らしたいという気持ちも人一倍強いのだ。

　剝き出しでやって来る様々な人と正面からぶつからざるを得ない現場であることは、救護施設の難しさでもあるし、面白さでもある。

エピソード
#2 「ここなら、社会ときちんとつながり直せるかもしれない」

僕の目に映った救護施設

御代田青年を支える喫茶店ライフのミックスフライ定食。

“最後のセーフティネット”のある町並み

ひのたに園の名前の由来でもある日野町は、滋賀県の南東にある、人口2万人ほどの町だ。近江商人ゆかりの地として知られ、3月のひなまつりでは、商店街を中心に多くのお店や民家が、豪華なひな人形を一斉に飾り、県内外の観光客も多く訪れる。

アパートのある近江八幡を出て、琵琶湖から離れるように南へと向かい、市街を抜ける。車は少なくて道幅も広い、運転しやすい通勤路だ。畑や田んぼの間を縫うように20分ほど車を走らせると町内に入る。

すぐに目に飛び込むのは、2014年にできたショッピングセンター「フレンドタウン」だ。滋賀県では知らない人のいないスーパーマーケット「フレンドマート」を中心に、本屋、衣料品店、薬局、ホームセンター、ファミレスが建ち並ぶ。

以前は同じ場所に田んぼが広がっていたそうだが、大型ショッピングモールの建設で、ここの風景はがらりと変わったという。そんなフレンドタウンを横目に車を走らせ、町民会館と図書館に挟まれた交差点を左折すると、もうすぐひのたに園だ。

ひのたに園の利用者が外出できる時間は9時から17時。9時半が始業時間である「日勤」のシフトの朝、到着が9時を過ぎる日には、すでに園から外出してきた数名とすれ違う。

「おはようございま〜す」

山内さんだ。いつもこの時間にすれ違い、いつも丁寧に挨拶してくれるぽっちゃりとした女性。山内さんは週に数回、バスを乗り継いだ先にある精神科病院に通っている。

少し減速し車の窓を開け、軽く挨拶して通り過ぎると、次はキャンキャンと吠える黒い犬が現れる。

ひのたに園の最も近くに住んでいる、瓦屋を営んでいるお宅の愛犬クロだ。クロという名前が本名なのか分からないが、犬好きの女性利用者たちに「クロちゃん、クロちゃん」と、その綺麗(きれい)な黒い体をくしゃくしゃにされながら可愛がられている。ひのたに園の非公式マスコットキャラクターのような犬だ。

そして元気に吠えるクロの先に見えるのが、「救護施設ひのたに園」という大きな看板。そこから始まる長い坂を100メートルほど上った先に、ひのたに園がある。

「なんだか山奥にある、昔ながらの施設って感じだなあ……」

それがこの坂を初めて見た時の正直な感想だった。そして映画『千と千尋の神隠し』の序盤のシーンに出てくる、車を降りた千尋と両親が足を踏み入れるトンネルを連想してしまった。人間の暮らす社会から八百万（やおよろず）の神々が住む世界へと誘う（いざなう）存在として描かれる映画のトンネルと、一般的な生活範囲である「地域」からどんな人が暮らしているのか想像がつかない「施設」へとつながるこの坂が、どこか重なって見えた。

新しい出会いと座りの悪さ

思えば、高校を卒業した時点では、自分は「福祉」のことはこれっぽっちも知らなかった。もちろん、救護施設のような場所がこの日本にあることも。

そんな大学2年生の頃、シラバスをめくっているとある授業が目に留まった。ゼミ形式で、いろいろな障害のある当事者や社会的なマイノリティが週替わりでやって来て、日々の暮らしや生い立ちについて話をしてくれるようだった。

学部選びを前に進路に迷っていたこともあって、何かヒントをもらえるかもしれない、と教室を覗い（のぞい）てみることに。つまんなければ途中で抜けよう。最初はそんな軽い気持ちでいたが、実際に話を聞いてみると、初めて出会う人たちの存在と言葉に大きな衝撃を受けた。

ALS（筋萎縮性側索硬化症）で全身の筋肉が動かないかた、刑務所から出所してきた軽い知的障害のある同世代の男性とその支援者、生後間もなく気管切開をした医療的ケアの必要な子どもとお母さん。自分が会ったことのない人たちと、視線がかち合うような距離で対峙する時間。毎回、自分の人生観や世界観が、お腹の底から更新されるような体験だった。すぐに、その授業の虜になった。

しかしそんな出会いを重ねれば重ねるほど、もう一方で、自分とは全く違う地平で生きる人たちが放つ重みのある言葉を、いつも安全な場所から聞いている自分に、どこか座りの悪さを感じるようになった。

「すごい物語を聞いた」とまるで大発見をしたように驚きながらも、教室を出れば、何事もなかったかのようなキャンパスライフに戻れる。電動アシスト自転車に乗って自宅に帰る道中でたくさんのホームレスとすれ違うけれど、話しかけることも、何かをすることもない。そんな状況に、なんとも言えない居心地の悪さがあった。自分が社会と、ぎこちない形でしかつながれていないこの状況から、なんとか抜け出したかった。

そして大学4年の7月、「救護施設」とやらを見学すべく滋賀県に足を運んだ。

ひとつ屋根の下のごちゃまぜ

救護施設がどういうところなのか、見学する前はよく知らなかった。ネットの情報によれば、生活保護法で「身体上又は精神上著しい障害があるために日常生活を営むことが困難な要保護者を入所させて、生活扶助を行うことを目的とする施設」と位置づけられているそうだが、いまいちピンとこない。法律上は「障害があるために」と書かれているが、実際は障害のない人も入所できるようだった。

ひのたに園はと言えば、定員１００名と書いてある。１００人が住んでいるということか。冷静に考えると、すごい数だ。一体どんな人が住んでいるのだろう。そんな曖昧な理解のまま、見学に行った。

ＪＲ琵琶湖線沿いにある近江八幡駅で採用担当者の男性と待ち合わせて、車に乗って向かった。初めて訪れる滋賀の田園風景に、若干戸惑いながらの道中だった。

「そろそろ着きますよ。あそこの坂の上にありますから」

そう採用担当のかたに言われ、車窓を見ていると、ひのたに園の看板が見えた。その先に、長い坂が現れた。

坂を上っていくと、左手に施設が見えてきた。部屋がいくつも並んでいて、洗濯物がたくさん干してあった。中には人影も見えた。雑木林の中から現れた突然の生活感に、少し戸惑った。

「こんにちは～、お待ちしてました～」

職員さんが出迎えてくれた。

「まずこの施設の概要をご説明しますね」

そう言って、ガラス張りの面談室に案内され、パンフレットや資料を見せてもらいながら、簡単な説明を受けた。開設は1970年。年齢、性別、障害の有無に関係なく、他の制度やサービスでは救いきれないような、多様で複雑な事情を抱えた人がやって来るのだという。

「最近入ってきたのは、大阪で派遣切りにあった人で。名古屋に行けば仕事があると思って徒歩で向かったみたいなんですけど、途中の滋賀で倒れて、ひのたに園にたどり着いたっていう」

そんな形で入所する人もいるのか。話を聞いていると、外から140センチくらいの小柄のおじいちゃんがゆっくり歩いてこちらに向かってきた。ガラス窓に口を押し付けてこちらを凝視している。すると次の瞬間、

「まあーぶー！　ばー！」

といきなりビックリするくらいの大声で叫んだ。怒っているのだろうか。僕が何か気に

入らないことでもしただろうか。どう振舞えばいいか分からずアタフタしていると、職員さんも気がついた。

「あ、高橋さん、こんにちは。お客さんが来たから、気になってはるんやね」

いつものことなのだろうか。しばらくすると、そのおじいちゃんは、よたよたと施設の方へ戻っていった。

「高橋さんは知的障害があるかたで、もう70歳近くになるんじゃないかな。実は、高橋さんは、ここが開設した頃から暮らしている人で。他にもそういうかたはいて、かれこれ、50年近く暮らしていることになりますけどね。じゃあ、中も見てみましょうか」

50年、自分の人生の2倍以上の時間をここで暮らしてきた人がいるということだ。そしてそんな人と、数日前にやって来た人が、同じ屋根の下で暮らしているのか。

中に入って分かったが、本当にいろいろな人がいる。男性もいれば女性もいる。若い人もいれば、かなり高齢なかたもいる。車いすの人もいれば、快活に歩いている人もいる。一人ひとりがまとっている雰囲気もまちまちで、一言で言えば「ごちゃまぜ」だった。

福祉サービスは基本的に、年齢、障害の有無や種類、困りごとによって利用者がある程度絞り込まれている。介護保険のサービスであれば基本的には65歳以上が利用対象だし、特別養護老人ホームなどはその中でも特に介護度の高い人が暮らしている。就労支援の現場であれば、就労をめざしている人が集い、障害があったとしても、ある程度自力での作業ができる人たちが集まっている。

だが、救護施設はそういったカテゴライズされた縦割りのサービスにアクセスできず、「網の目」からこぼれ落ちた人がたどり着く場所だった。

その濃いものに、触れてみたい

「せっかくですから、運動場も見ていきましょう」

そう言われグラウンドに行くと、50代くらいのおじさんに声をかけられた。

「あんな、あんな、見てほしいものあんねん」

僕らを見つけるや否や駆け寄ってきて、手招きされるまま、足早にグラウンドの奥の裏庭に案内された。茂みをかき分けた先に、何個ものハンガーや紐が竹に絡まったような、高さ2メートルを超える謎のモニュメントがあった。その人が作ったもののようだ。

「ここはこうして作ってんねん」「ここが外れそうやねん」

モニュメントの構造について延々と紹介された。滑舌が悪くて、肝心の説明はほとんど聞き取れないが、とにかく一生懸命に何かを伝えてくれている。

「このかたは職員の手伝いもたくさんしてくれて、いろんな活動にも率先して参加してくれるんです。まあこのモニュメントは勝手に作ってるみたいですけど」

職員さんはそう笑っていた。カンカン照りに晴れた空の下、雑草の生い茂る裏庭。やっぱり聞き取れない説明と謎のモニュメント。このおじさんは、どんな事情で救護施設にたどり着いたのだろう。このモニュメントは、彼にとってどんな存在なんだろう。そんなことを考えているうちに、額には汗が滲んできた。

行き倒れてやって来た人、50年暮らす障害のある人、社会の中の最後のセーフティネット。ボーッとしてきた頭で、さっきの職員さんのこの場所についての説明を脳内で反芻(はんすう)していると、何か不思議な感情が湧いてくるのを感じた。

ここには、今までの自分が出会うことが

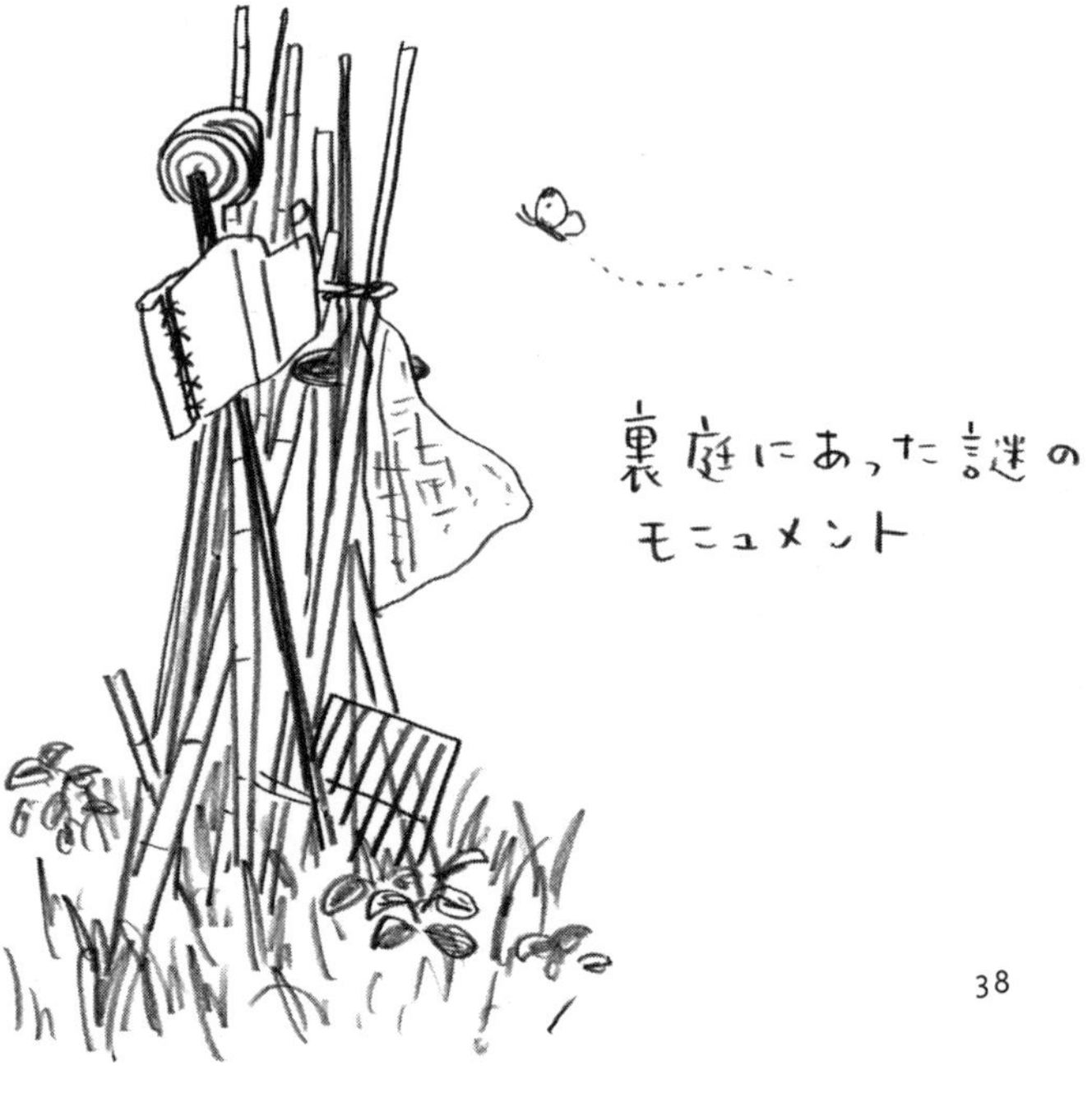

裏庭にあった謎のモニュメント

なかった人たちが生きている。知らなかった時間が流れている。何かとても濃いものが、息づいている。僕の目に映る謎のモニュメントは、気づけば異様な存在感を放っていた。ここで働いてみたい。傍観者の立場ではいつまでも触れられない、その濃いものに触れてみたい。そう直感した。東京に戻ってからも、裏庭のモニュメントが頭から離れなかった。

初めての見学のインパクトは強かったが、まだよく分からないことも多かったため、滋賀県内の他の施設の見学ついでに、もう一度ひのたに園を訪れた。2回目の見学では、入退所の窓口となる相談員のかたが話してくれた。一人ひとりの利用者が、どんな事情でやって来るのか、時間の許す限り聞かせてもらった。

住んでいた家が老朽化して独居生活が続かなくなった90歳のおばあちゃんもいれば、親のDV（家庭内暴力）から逃げ出して彷徨（さまよ）っていた若者もいる。ブラジル人やフィリピン人など外国籍のかたもいれば、カップルや夫婦で一緒に入所するというかたもいるらしい。それぞれの事情でやって来て、それぞれのタイミングで去っていく。入所期間の定めもないという。

まるで、一つの建物の中に社会のいろいろな側面を濃縮して詰め込んだような場所だと思った。

また、利用する人は、自らの希望でひのたに園を選び、私的に契約を結ぶのではなく、生活保護の窓口を通じて、行政から措置される仕組みだとも知った。一般的な福祉施設のように、利用希望者が事前にネットなどで施設を探して、見学や宿泊体験をしてから、実際に利用するかを決めていくのとは対照的だ。朝に市役所から入所依頼の電話が鳴り、急いでベッドを用意してその日の夕方には受け入れる、ということもあるそうだ。

それまでの人生で福祉サービスに触れてこなかったかたも含め、性格や生い立ちについての情報もそろわないまま、今まさに困っている人が剝き出しの状態でやって来る。そこから、その後の生活を、イチから一緒に考えていくことになる。

そして支援の中身はと言えば、介助や身の回りの支援、日常的な相談相手に留まらず、就労に向けたサポート、アパート契約の支援、行政手続き、トラブル対応、看取りなど、本当に多岐にわたる。24時間365日、人が住んでいる施設である以上、泊まりの勤務も週に1回ほどあり、体力的にハードな面もあるが、時には寝顔も見守りながら、そこに暮らす人と関わることになる。

ここなら、一人ひとりの暮らしに関わりながら、ケアをしながら、自分がこれまで見えていなかった社会ときちんとつながり直せるかもしれない。そんなほのかな予感が、僕がひのたに園で働きたいと思った志望動機だった。

暮らしを支えるリアリティ

3月29日。大学の卒業式を終えた僕は滋賀に引っ越した。初めての一人暮らしだ。

ちなみに僕が就職したのは、滋賀県のある社会福祉法人。社会福祉法人というのは、介護や障害者支援などの事業を行うために行政の認可のもとで設立される公益性の高い組織だ。規模はまちまちだが、全国に2万か所以上ある。

保育所やデイサービスはNPO法人や株式会社でも運営できる一方、手厚い介護の必要な人が暮らす特別養護老人ホームや、児童養護施設や、僕が働くことになった救護施設などは、その運営は行政や社会福祉法人に限られる。僕の就職した法人は、救護施設以外に県内各地で特別養護老人ホームや児童施設、障害のある人の作業所などを運営していた。

新卒入社の同期は7人いたが、救護施設への配属は僕だけ。50万円で買った中古のフィットで施設に通う日々が始まった。

期待を胸に訪れた新天地だったが、まずは日常に慣れることで精いっぱいだ。田んぼのある街で生活するのも初めて。夏の夜に外に出ると「が〜」と周囲から聞こえた音は、田んぼにいた大量のカエルの鳴き声だと知って驚いた。

「その雑巾（ぞうきん）ほかしといてな〜（その雑巾捨てといてね）」

「御代田さん、もう休憩の時間やし、ご飯よばれてや！（ご飯食べてね）」

ひのたに園での勤務中、長く勤めている中年の女性職員にそう突然言われても、関西独特の言い回しが理解できず、そのたび恐る恐る聞き返すような日々だった。

約30人いる職員の中には、日野町や近辺に住んで長く勤めている年配の人もいれば、滋賀や京都の大学で福祉を学んで就職してきた人や、同じ法人の別の施設から異動で来た人など多様なメンバーがいる。救護施設で働くということに特別強い思い入れがある人は少なかったと思う。そんな中、東京の風をまとって現れた僕は今思えば多分浮いていた。

自炊もしたことがなかったが、休みの日、一人で部屋にいる時間が長かったせいか、ふと思いついてカレーを作ってみることに。安い値段だったジャガイモを多めに使った人生初の自作カレー。せっかく作ったカレーだし、なるべく長く持たせたい。

そう思って毎日少しずつ食べていると、ある日の職場での昼休み、突然、胃袋をつねられるような鋭い腹痛が走った。「なんだこの痛みは……」と戸惑いながら、看護師さんにそっと相談した。

「食中毒ちゃう？　そのカレーいつの？」

「1週間くらい前です……」

「じゃあカレーやね、作ったらすぐ冷凍しないとー！」

冷凍しないとカレーは腐るのか。灰汁(あく)だと思ってすくっていたものはカビだった。

季節は湿度の高い初夏を迎えていた。ジャガイモ多めのカレーは特に要注意だったようだ。

「東大生って、意外にこんなことも知らんのやね〜」

いじってもらえるきっかけにはなったが、腹痛に悶（もだ）えながら料理など二度とするものかと思った。今思えば、そんなことも知らない自分が、誰かの暮らしを支えたいなんていうのは、おかしな話だったのかもしれない。

実は多くを占める「介助の仕事」

救護施設は、18歳以上であれば誰でも利用できるが、20代前半から80代後半まで本当に幅広い年齢の人たちが暮らしていた。利用者の退所や入所に伴って、その時々で年齢構成は微妙に変わるが、一番多いのは50〜60代で、全員の年齢を平均するとだいたい60代前半となる。

その中で、長い間入所している人や、病院から退院してきた人の中には、車いすや歩行器を使って過ごす人や、生活を送るうえで介助が必要な人も少なくない。食事・排泄（はいせつ）・入浴は「三大介助」と呼ばれ、就職したての職員が最初に覚えることだ。

着がえ一式をバスタオルに包んだ通称「まきまき」は入浴の必需品。

お風呂の看板。裏返せば「女」になる。

食事の時は飲み込む力が弱い人には刻んだ食事を提供するし、自力で口元まで運べない人には職員が口元まで食事を運ぶ。排泄の介助が必要なかたには、毎日定期的に声をかけてトイレに誘導したり、おむつの状態を確認する。便が出ない日が続けば、座薬を挿入して排便を促す。昼食を食べながら「○○さん座薬入れたらめっちゃ出たわ！　4日ぶりやで。よかった～」と利用者の排便状況を共有するような日常だ。

加えて、週に3日ある入浴介助は職員総出の大仕事だった。風呂当番の時には、覚えたてのお風呂場のセッティングを慎重に再現する。でもバスマットを1枚敷き忘れたり、お湯の温度が少しでもぬるかったりすると「今日の風呂準備したの誰や～！」と容赦なく利用者から叱責が飛んでくる。

最初の頃は、先輩職員の後ろについて、介助の方法についてレクチャーを受けながら、ウエストポーチに入るようにと買ったポケットサイズのメモ帳に、利用者の名前や、一人ひとり微妙に異なる介助の手順を必死になって書き留めていた。しかし職員として一人前になるためには、マニュアル化された業務の手順を覚えるだけでなく、利用者一人ひとりのことをよく理解している必要がある。

腹痛を抑えるための痛み止めを看護師さんにもらってなんとか落ち着いた頃、ひのたに園は夕方の水分補給の時間を迎えていた。ある高齢の男性を部屋まで呼びに行くと、僕の目を見た瞬間、その人は車いすに座りながら「ほひい、ほひい」と連呼し始めた。

「ほひぃ、ほひぃ」

「えっと…もう一度仰ってもらえますか？」

「ほひぃ…ほひぃ！」

「ほひい、ですか？　えーっと…ちょっと待っててくださいね……」

聞き取るのを諦めて他の職員を呼びに行こうとすると「あ、コーヒーやね、松山さん。松山さんコーヒー好きやもんね」と傍(そば)にいた先輩職員が駆けつけてくれた。知的障害のあるその人は、好きなコーヒーが飲みたいと僕に訴えていたのだと分かった。

「そんなの聞き取れないよ…」と心の中でぼやいていたが、「ほひぃ」を「コーヒー」だと聞き分けられないと、支援員としての仕事はままならない。そのためには、何よりもまずある程度の時間を一緒に過ごす必要がある。働きたての自分は、やはり無力だった。

深夜の遭遇

その日も、バタバタした1日を終え、いつものように自宅近くのスターバックスでだらだらと過ごしていた。家に帰っても特にすることもないし、閉店までコーヒー一杯で居座るのがルーティーン。そして23時の閉店を迎えたので外へ出ると、見慣れた顔の男性とすれ違った。よく見ると、ひのたに園で「外泊届」を出したきり、1か月以上帰園しておらず、すでに退所扱いになっていた加藤さんだった。

驚いたが、思わず声をかけた。

「加藤さん！　ですよね」

「え、だれ？」

「あ、御代田です。ひのたにの」

「あー、御代田さんか。久しぶり。何してるのこんなとこで」

「いやこっちのセリフですよ（笑）。ひのたにには、もう戻らない感じですか？」

「あー、そうだね。みんなによろしく言うといて」

「これから、どこに？」

「知り合いの家がこっから歩いて40分くらいであるから、そこに」

「そうでしたか。お気をつけてください。加藤さんは元気にしていたと、みんなに伝えておきますね」

「うん。それじゃあね」

　そう言って、大きなリュックを背負った加藤さんは夜道に消えていった。

　元から去る気でいたのか、施設生活が想定と違ったのか、理由は分からないが、加藤さんにとって救護施設は、タダで泊まれるホテルくらいの存在だったのかもしれない。無断での退所を責めたい気持ちにもなったが、夜道に消えていく背中は、施設の中で「利用者」として接していた時とはまるで違って見えた。

　自分が暮らしているこの社会と、救護施設は確かに地続きにある。救護施設で働くことで、見えていなかったことがもっと見えるようになるかもしれない。自分の直感は多分間違ってない。そう思いを新たにして、家路についた。

コラム#2

シフト事情あれこれ

ひのたに園で働く職員は、約30名。

施設のトップである「園長」に、事務手続きや経理を取り仕切る「総務課長」、入退所のコーディネートや福祉事務所との連絡調整を担う「相談員」、日々の健康管理や病院受診に入退院、服薬の調整を行う「看護師」と「事務員」、それに洗濯業務専任のパートの職員など、様々な役割を持った個性豊かなメンバーが集まって、定員100名の施設を支えている。

なかでも最も多い職種は20名近くいる「生活支援員」だ。

一般的には「ケアワーカー」「介護士」などと呼ばれる職種にあたり、100人の利用者の食事や入浴といった介助から細かな対応まで「現場」の全てを担う。

そして24時間365日、全職員がシフトを組んで、日々の暮らしを支えているのだ。

シフトによって出勤時間は異なり、「早出」の出勤時間は朝7時。男女ペアの二人シフトが基本で、出勤してすぐ、朝食の準備と介助にとりかかる。9時頃になっていち段落すると、翌朝まで施設を見守るシフトである「宿直」の職員がバトンタッチし、一番オーソドックスなシフトである「日勤」の職員も続々とやって来る。12時になって最後に出勤してくるのは、夜8時のお風呂掃除までを担当する「遅出」の職員。

一般的な施設では、生活支援員のような「現場職員」のみが介助業務や利用者の身の回りサポートを任され、事務職は現場には出ないことが多い。一方ひのたに園では、園長や総務課長を含め、ほぼ全ての職員が、定期的に宿直を含む現場のシフトに入る体制をとっている。どんな役割の職員も、現場で直接利用者と接する機会を持った方がいい、という園長の方針のもとだ。

そんなシフトは、利用者にとっても関心の的だ。毎朝7時に、支援室の前のホワイトボードにその日のシフトが張り出される。「今日の泊りは○○さんか～」「あいつまた今日も休みか！　休みすぎちゃうんか～？」とボードを見て自由にコメントしながら、みんな思い思いに今日という1日を想像するのが、いつもの朝の風景だ。

エピソード

3

「〝セイカツホゴ〟っちゅうの知っとるか？」

長くホームレスをしてきた丸山さん

「挨拶せにゃあかんで!」

「救護施設ってどんなところ?」

そう聞かれた時にはたいてい「ホームレスのかたとか、病院や刑務所を出たかたが入所する施設で……」と、まず「ホームレス」という言葉を使ってしまう。それくらい、ホームレスのかたの入所は多い。ホームレス、と聞くと多くの人が、駅や公園で寝袋や段ボールで暖を取りながら暮らしているかたを思い浮かべるだろうが、事情は人それぞれだ。ホームレスの期間も数日~数年と幅があるし、ネットカフェやスーパー銭湯、車中生活なども「安定的な住まいを失っている」という意味で、入所経緯としては「ホームレス」に数えられる。

そんな多様な「元ホームレス」たちが暮らすひのたに園だが、中でも長く路上で生活してきたのが、丸山文昭(ふみあき)さんだ。僕が1年目から担当支援員として関わることになった丸山さんの入所時の聞き取り記録には、仕事を失ってから6年近く、彦根駅の周辺でホームレス生活をしていたと書かれてあった。

「みよだくんな、毎日会うたら挨拶せにゃあかんで!」

働き始めてすぐの4月2日、担当利用者の一人となった丸山さんに、前年度の担当支援員の立会いのもと、挨拶のため部屋を訪ねた時に言われたことだ。「なんだか支援員のこっちが指導されてるみたいだな……」と少し戸惑いながらも、まずは言われた通り、毎日丸山さんと会うたび、「おはようございまーす!」と大きめの声で挨拶することだけは欠かさないようにした。

すでにひのたに園で6年目を迎えていた丸山さんは、3年間続けて担当していたベテランの女性職員から、1年目の僕に担当が代わると聞いて、「一体どんな人間がやって来るのか」と気になっていたようだった。

生活支援員の場合、新米職員もベテラン職員も、一人につき6~8人の利用者を受け持つ。担当を受け持った人たちに対しては、「個別支援計画書」と呼ばれる個々人の生活目標や支援内容をまとめた書類の作成や、行政手続きのサポート、通帳やお小遣いの管理、持ち物のチェックや部屋の整理、衣類や日用品など必要なものの購入、日々の相談相手や愚痴(ぐち)聞き役など、園内生活の「相棒」として幅広いサポートをすることになる。

支援される側も自分の担当についた支援員を「担当」と呼んで、一番に頼りにしていることが多い。丸山さんは特に「担当」にこだわるかただった。

「みよだ、○○っているやろ、あいつには負けたらあかんで！」

「○○が担当だった時はかなんかった、頭固いんやあいつ」

そんな風に他の職員の名前もあげながら、「みよだを立派な支援員として鍛えなければ」という意気込みで、部活の先輩と後輩のように接してくれていた。しばらくすると「みよだはな、挨拶はちゃんとしよるから偉いわ」と一定の信頼は得られたようで、唯一「みよだ」と呼び捨てにしてくれる丸山さんに僕も親しみを感じるようになった。

路上で暮らすということ

丸山さんは、特に困りごとや相談ごとがない時でも、時々一対一でゆっくり話す時間をとることを好む人だった。丸山さんの部屋で、畳にあぐらで、互いの顔を近づけながら雑談をするのがいつものスタイル。「最近の様子はどうですか？」と切り出すと、持ち金が足りなくなってきたとか、同室者と見たいテレビ番組の趣味が違うとか、最近若いやつが入ってきたなとか、あれこれ話してくれる。

「みよだ、次はいつ泊まりや？」と僕の出勤予定を聞かれることも多かったため、ある頃から、翌月のシフトが決まるたび、プリントアウトしたカレンダーに、出勤日にマジックで○を付けて、丸山さんに渡していた。

半年ほど経って、ある程度信頼もできてきたかなと思っていたある日、少し言葉を選びながら、ホームレス時代のことを聞いてみた。

――そういえば、ここに来る前、路上で暮らされてた時期もあったと聞いたんですが、どこで寝泊まりしてたんですか？

彦根がほとんどやったかな。夏は外で寝るけどな、蚊がかなんわ、ほんまに。駅前にお店があるやろ、イオンか。あそこに寝とったわ。でも若いやつなんかが横通るとひそひそ「おい、寝とるで」「かわいそうに」とか言いよるわ。そりゃそうやろ、知らないおっさんが寝とったらびっくりするがな！（笑）

――食べ物はどうしてたんですか？

コンビニで弁当もらって食べてたがな。でも毎日はあかんねん。ローソンってあるやろ、そこの店長さんが「裏に来い、裏に来い」って呼んでくれんねん。

思い出したくない記憶かと思いきや、いつも通りの口調で、抑揚（よくよう）をつけて話してくれる。

食べ物はコンビニの廃棄をもらっていたが、廃棄弁当を探しているところを警官に見つかったこともあったそうだ。

「2時か3時やわ。突然ライトで照らされてな。『お前何しとんのや!』って言われたんや。正直に言うたけど、『警察署まで来い!』って、無理やり連れていかれたんや」

身元を名乗ると「住所不定やな。もう悪いことせんか。ええな!」とすんなり帰してくれた。「時にはタバコとホットコーヒーを渡してくれるいいやつもおったわ」と言うが、見つかるたびに、荷物を全部あけられて確かめられるのは誰だって気持ちのいいものではない。

ホームレスになる前は、船の塗装作業やシートベルトの製造など派遣を転々としていたという。ヤンマーディーゼルの工場で船のエンジンをつくっていた頃は、社内の慰安旅行も度々あり、苦手なお酒も飲んだ。

「金沢の慰安旅行に行った時にはよう飲まされたわ、そんで女を買いに行くねん、でもあとがえらいわ」

ふと、右手の掌を上に向けたと思うと、小さな傷跡があった。

「船のエンジンのボルトがな、ぶすっと刺さって、貫通してもうたんや。痛いで~ほんま。みんな『大丈夫か~』って駆け寄って、救急車呼んでな、1か月くらい入院しとったわ(笑)」

しかし、年齢を重ねるなかで雇い主の態度も変わっていった。そしてある時「長いことやってもらえたけど、打ち切りしますんで」と唐突に告げられ、解雇された。それから、路上生活が始まったそうだ。

路上での暮らしは「今日から路上生活！」と宣言して始めるものではない。やむにやまれず、気づけば始まってしまうものだ。そしていつ終わるか分からない。どこで寝るのか、今日は食事を確保できるか、道行く人にどう思われるか、予測のつくことや頼れるものが何もない中で、一つずつ、夜を越していく。「路上生活６年」という記録から僕があっさり受け取ったその年月は、丸山さんの一つ一つの夜が積み重なったものだった。

ある頃から、缶拾いも始めたそうだ。

「あれは縄張りがあんねん。『誰の拾ってんねん！』て怒鳴られることもあるわ。１０００円儲(もう)けよう思ったら大変なこっちゃ、１日がかりや。缶つぶしで足がむくんでしまうわ！」

お金がない時は、兄を頼った。時々公衆電話から連絡して、３０００円くらいのお金をもらいに行っていたそうだ。

「兄貴はな『お前な、ふみ、金がなくなったら連絡するのやめーや』って言うねん。そりゃそう思うのは分かるんやけどな、こっちも仕方ないんやて」

そんな風にして、6年間を過ごしたのだという。

「〝セイカツホゴ〟っちゅうの、知っとるか?」

話を聞きながら一つ、引っかかることがあった。丸山さんはなぜもっと早く生活保護を頼らなかったのだろうか。丸山さんが置かれていた状況なら、申請すればすぐに受理されたはずだ。何か不安なことや、抵抗があったのか。

「丸山さん、これまでに生活保護を受けようとは思わなかったんですか?」

「あんなみよだ、わしはな、生活保護っちゅうんは知らんかったねん」

まさか、知らないというパターンもあるのか。それも6年間も。「じゃあ、どこで知ったんですか?」と尋ねると、路上で出会った若いホームレス仲間から「丸山さん、〝セイカツホゴ〟っちゅうの、知っとるか?」と聞かれたのがきっかけだという。

「丸山さん、生活保護はわしらの権利やねん。市役所行ってみ。でも洗いざらいほんまのこと話さなあかんで」

真実味を持ってそう語る彼の言葉を信じて、恐る恐る市役所を訪ねた。「生活保護の窓口に行ったがな、ほんでな……」と窓口担当者との当時のやり取りを、身振り手振りを交えて再現してくれた。

「丸山さん、仕事は？」

「6年前からしてません」

「えー、丸山さん、でもな6年間も何しとった。仕事とか、職安とか行ってなかったんか？」

「この歳であるかいな仕事なんて」

「でもこの6年間のお話を聞かせてくれないとねぇ……」

「はっきり言うわ、ホームレス。ホームレスしとりました！」

「ホームレスですか、でもお風呂や食事、それにお金は？」

「兄貴に金借りたりな、コンビニの弁当もらって食うたりしとりました」

「あー、お兄さんがいるんですね、それなら辻褄（つじつま）が合いますね」

その日に会った市役所の担当者に自分の生活について遠慮もなく聞かれることには抵抗もあっただろう。その分、当時のやり取りをよく覚えているのかもしれない。そして窓口の人との面談を終えてしばらく待っていると、「ひのたに園」を紹介された。

「『1名行きますけど、いいですか？』って電話しよったわ。ほんで、『ひのたに園ってありますねん、ここしかありませんかねぇ』っていきなり連れてきよったわ。直通や！　こんな竹とか藪とかあるところに、なーんも言わずに。殺されるかと思うたわ！」

入所当日の緊張を、笑いながら教えてくれた。冗談交じりではあったけれど、路上生活がやっと終わるという安堵の一方で、「セイカツホゴ」という言葉を頼りに「シヤクショ」を訪れたら突然「キュウゴシセツ」に連れてこられる道中では、言いようのない不安やよるべなさがあったに違いない。

みんなの権利の手前にある透明なハードル

「洗いざらいほんまのこと話さなあかんで」と若いホームレスが丸山さんに伝えた通り、生活保護の申請にあたっては、身元だけでなく、親族関係、資産状況、就労可能性、病気の有無など、まさに「洗いざらい」話さないといけない。

資産調査と呼ばれるこの一連の手続きは、不正受給の防止には必要不可欠なものだが、やっとのところでSOSを出した人が抱えている情けなさに、追い打ちをかけるように思えて、気持ちを想像すると少し苦しくなってしまう。

また、経済的なサポートを頼める親族の有無も確認する。扶養照会という手続きだ。丸山さんも兄の存在を伝えると、「じゃあ本人確認でお兄さんに電話しますんで」と窓口の人がその場で連絡したそうだ。兄の収入では丸山さんを養えないことを確認し、生活保護の支給がすぐに決まった。

最近、一定の理由があれば扶養照会を拒否できることになったが、親族に自分の居場所や生活に困っている事実が伝わることを怖れて、そもそも生活保護自体を敬遠している人も少なくないそうだ。

そしてそもそも、丸山さんのように「生活保護」の存在を知らない人もいる。生活保護を含め様々な福祉サービスは時に「申請主義」と指摘されるように、制度を利用するには、まずは本人が窓口に来て「生活保護を申請したい」と申し出る必要がある。つまり、生活保護の存在を知ったうえで申請場所や方法を理解し、出向いた窓口で、自身が置かれている状況を客観的に説明するだけのコミュニケーション能力を持っていることが、利用にあたっての最低限の前提となる。

そんな風に、「すべての国民の権利」ではありながらも、権利を行使する手前には幾重もの透明なハードルが用意されている生活保護の実像を、丸山さんのエピソードから思い知らされた。

そして窓口を訪れるかたの中で、当面寝泊まりする場所を確保できないかたや、緊急の保護が必要なかたなどがひのたに園にやって来る。

丸山さんの場合は、「風呂も入っとらん、臭いに決まっとる」と本人が振り返るくらいの状態だったから、すぐシャワーを浴びたのだという。

そして落ち着いたら、園内を1周しながら案内する。食事や入浴の時間、外出のルールといった基本的なことから、お風呂掃除はグループでの当番制になっていること、洗濯機は共用で洗濯粉は毎週日曜に全員に配っていることなど、ここでの生活に関するアレコレを一つずつ伝えていく。そうやって、ひのたに園での生活はスタートを切る。

お金をめぐる思わぬ躓き(つまず)

そうして入所した人は、数日〜数週間で徐々に園内生活に慣れてくる。自分なりのルーティーンもできてくる。丸山さんもいつの日か職員に頼まれてから、毎朝6時過ぎから食堂の片隅で、夜の間に干してあった、5本ある掃除用のモップの房を梳く(す)ことが日課になったそうだ。

また丸山さんは6年間の中で、毎月7500円支給されるお金のうち、5000円を小遣いとしてタバコ代、日用品代に使い、残り2500円を銀行口座に貯金する、という約束ができあがっていた。僕も前の担当者からそう引き継ぎを受け、丸山さんの金銭管理のサポートもしていた。

そんな丸山さんと、お金をめぐって印象的なことがあった。ひのたに園では年2回、夏には3000円、冬には5000円を上限に衣類代を支給しているが、一度利用者に衣類を買ってもらってから、購入済のレシートと交換で現金を渡す「立替え払い」の方法をとっていた。しかしその「立替え払い」を伝えるところで、躓いた。

「ひとまず手持ちのお金で買ってもらって、レシートをもらってきてくださいね」

その一言で済むと思ったが、「ん？　それじゃ結局わしが払ってるんと違うんか？」と何度伝えても丸山さんにはストンと落ちなかった。一度は自分が負担して服を買っても、後日同じ額が戻ってくるなら、全体としてみれば無料でその服を手にしたことになる。そのことがなかなか伝わらず、結局は支援員が付き添って買いに行くグループに交ぜてもらうことになった。

こういう些細（ささい）なやり取りの中から、相手のことが少しずつ分かってくる。あくまで印象にすぎないが、丸山さんは軽い知的障害があるようにも思われた。また、丸山さんはことあるごとに、ひのたに園の家賃や電気代について尋ねてきた。

「そういえば、ここは家賃はなんぼなんや？」

「電気代とか食事代はいくらくらいなんや？」

ひのたに園は民間のホテルやアパートとは違い、一人当たりの家賃や食事代という考えかたはない。入所者一人当たり、月に約22万円の生活保護費が施設に渡り、月7500円が本人の手元に渡る。残りは施設の運営費や、食費、職員の人件費にあてられるという仕組みだ。

ただ、この辺りの事情も、そのままの言葉で丸山さんに伝えることは難しかった。

丸山さんがいろいろな生きづらさを抱えているかもしれないことは徐々に分かってきた。一方で、それでも立派に仕事をしてきた過去もある。家族や仕事仲間と関係を築いてきた。しかし、家族が離散し、会社という所属先も失った途端、社会という荒野に一人ぽつんと投げ出された形になる。

「文昭！　この30円稼ぐのにどれだけ大変か分かるか？」

そんな丸山さんは、どんな人生を送ってきたのか。丸山さんのことを知れば知るほど、ホームレスになる手前の人生についても気になるようになった。「インタビュー」と丸山さんが呼ぶ、僕が生い立ちを尋ねる時間をこまめに作っては、話を聞かせてもらった。

丸山さんは国鉄マンの父親と機織り機工場勤めの母のもと、4歳上の兄に次いで生まれた。父は月収40万はもらっていたそうで、「豪華なもんは食べれんかったけどな、食べ物には困らんような家やったわ」と当時を振り返ってくれた。

――ご両親はどんな風に出会ったのですか？

お父ちゃんの「圧倒的プロポーズ」やったらしい。無理やり押し倒してな、昔はそんなもんや。

――ホントですか？　お母さんはどんな人だったんですか？

母ちゃんはお金を大事にする人やった。「文昭！」って言うてな、わしの掌に30円を載せて、「お前はこの30円の重みが分かるか？　この30円稼ぐのにどれだけ大変か分かるか？」ってよく言うとったわ、なんやそれ！　って思うとったけどな、汗水たらして気張ったら母ちゃんの言うてたことが分かるわ、ホンマに。

中学を卒業してからはブラウン管テレビをつくる工場に勤めた。兄は父親の影響で国鉄マンになり、家族4人で暮らしていた。だが丸山さんが20歳を迎えた頃、母親が亡くなった。57歳だった。

「その頃は4人で暮らしててな。母ちゃんは喘息でな。『文昭、母ちゃんあかんさかい、もう遅かったわ、そう大学病院で言われたわ』言うてな、わしも泣いて泣いて涙を拭いてな。親を大事にしようらんやつおるやろ、わしは腹立つわ、みよだも生きとるうちに大事にしたってくれよ、ホンマに」

そう語る丸山さんの目からは涙が出ていた。母が亡くなった後は兄と父との3人暮らしになった。「マメだった」けれど寂しがり屋で「パニック障害」だったという父親は、気持ちがつらくなった時はそばに居てほしいとせがんだ。

「親父が『ふみ、今日は仕事休んでくれ』って言うんやけど、『そんなん無理や！　しんぼうせえ！』って言って」

そんな父も体調が悪化し、母を追うようにして数年後には亡くなり、兄との二人暮らしになった。今は、兄は生活保護を受けながらアパート暮らしをしている。丸山さんとは時々電話をするような間柄だ。そんな兄が30代半ばで結婚してからは、兄の奥さんも交えて3人で暮らす時期もあったそうだ。

「でもな、兄貴も奥さんも二人っきりになりたいがな。そりゃそやろ。わしがいたらええことできないでな」

兄夫婦との同居にそんな後ろめたさもあった丸山さんは、家を出て派遣会社の寮へ移ったのだそうだ。そして仕事を続けてきた。

「わしもここを出なあかんのか?」

そうしてひのたに園にたどり着いた時、丸山さんは57歳になっていた。

僕が担当を引き継いだ時にはすでにひのたに園で長く過ごしていたが、目立った病気もなく、年齢のわりに身体も丈夫な丸山さんにしてみれば、いろいろなルールや制約のある施設暮らしよりも、一人でのびのびと自由に暮らせるアパートでの一人暮らしの方が、どう考えたってよいのではないか。そもそも、救護施設は避難先であって、何年も暮らす場所ではない。自分が担当を務めているうちに、丸山さんの施設からの卒業を実現しよう。そんな想いもあった。

「丸山さん、アパート暮らしについては、どんなお気持ちですか?」

「みよだ、わしもな、ゆくゆくはな、一人暮らしをしたいとも思ってんねん。兄貴もそうしとるしな。彦根にはアパートあるんかな」

そんなやり取りを何度か繰り返した。どこか僕に同調しているような、曖昧な返答だった。ある日、ことを前に進めようと、少し具体的な提案をしてみた。

「丸山さん、今度、日にちを決めて、福祉事務所の人と相談してみますか?」

「そうやな、そういうこともな、確かに必要やな」

相変わらず煮え切らない返事のあと、別れ際、声を潜めて聞いてきた。

「みよだ、わしもここを出なあかんのか？定員が埋まって来とる、いう話も聞いたで」

ハッとした。僕の提案を丸山さんは「そろそろ施設から出ていってほしい」と受け止めていたのか。

考えてみれば、丸山さんはこれまで、会社の寮以外での一人暮らしの経験がない。恐らく、賃貸物件を契約した経験もない。6年間、路上で暮らすしかなかった日々を思い出すと、衣食住が保障され、日々いろいろな人と関わり、相談できる相手も近くにいる環境が、いかに安心できるものなのか。もう一度、一人になるということがどれだけ不安なことか。「支援せねば」という気持ちが先走って、丸山さんの言葉の奥

が見えていなかった。

その後じっくり話す中で、やはり丸山さんはひのたに園で暮らし続けたい気持ちを持っていることが分かった。もちろん、ひのたに園は100%暮らしやすいと言い切れる環境ではないが、今は丸山さんの気持ちに寄り添おう。そう思い直した。

支援の方向性は変わったが、「インタビュー」はその後も続けた。丸山さんの部屋や、食堂の片隅で。いつも30分から1時間かけて、昔の生活や家族のことなど、僕からいくつか質問をする。僕の質問が落ち着くと、今度は攻守交替だ。

「みよだはアパートはどこや？　いくらや？」

「テレビはあるんか？　何見るんや？」

待ってましたとばかりに、僕のプライベートについて、丸山さんから矢継ぎ早に質問が飛んでくる。

「みよだは、夜はトイレ何回行くんや？」

「丸山さん、僕は若いから寝てる間にトイレに行かなくても平気なんです……」と、心の中でツッコミを入れてしまうような質問も中にはあるが、真剣に聞くので、こちらも真面目に答えてしまう。

「みよだは車に飴玉（あめだま）おいてるやろ、あれはどこで買ったんや？」

そう聞かれた時は、施設の駐車場にとめている僕の車のダッシュボードを覗いていたのか、と少しびっくりしたが、毎日顔を合わせる25歳の若者が、一体普段は何を食べ、どんな生活を送っているのか、丸山さんにとっては新鮮でたまらないのかもしれない。

その日の「インタビュー」も終わり、帰る前に、ふと入所時の記録をもう一度確認してみようと思い立ち丸山さんのケースファイルをパラパラめくっていると、入所時の聞き取りメモの中の「所持金は30円」という無愛想な走り書きが目に留まった。

お母さんが丸山さんの掌に載せた30円と、生活保護の窓口を訪れた時に持っていた30円。金額の一致は全くの偶然だが、30円を握りしめ一人ぼっちで窓口を訪れた時、母の顔を思い浮かべただろうか。

その時の気持ちはどんなものだっただろう。

コラム#3

刑務所からやって来る人たち

丸山さんは長いホームレス生活の空腹を、コンビニで弁当をもらったりしてしのいでいたが、中には空腹から少額の窃盗を繰り返し、刑務所に入ってしまう人も少なくない。そんな人の場合、皮肉にも刑務所に入って初めて、屋根のある部屋で衣食住の保障された生活にたどり着くことになる。

その結果「社会の中で孤独と飢えに苦しむくらいなら、刑務所にいる方がマシ」という理由で、出所後に再び軽犯罪を繰り返す人も少なくないそうだ。そんな選択をせざるを得ない人たちの中には、軽度の知的障害のある人も多く含まれているという、なんとも苦々しい事実もある。

また、救護施設に入所する人の過去の仕事をたどってみると、風俗やヤクザに関係する仕事をしてきた人も少なくない。女性であれば風俗店で仕事をすることで短期的に収入を得られるし、男性であればヤクザの下働きがそれにあたる。収入面での保障が得られるだけでなく、そもそも自分の存在を誰かに認められ、必要とされるコミュニティ自体が、魅力的であったりするようだ。

「福祉はヤクザと風俗に負けた」と

言われることすらあるように、本来であれば福祉サービスにつながらなければならない状況にあるような人も、ヤクザや風俗、刑務所といった「疑似的なセーフティネット」が受け皿となって生活を支えているという構造もそこには透けて見える。

そんな中、2009年に立ち上がったのが、地域生活定着支援センターだ。出所後に帰る先のない障害のある人や高齢者の出所後の生活のサポートをするための拠点として、今では全国の都道府県に1か所ずつ(北海道は2か所)設置されている。

そんな地域生活定着支援センターでは、出所半年前から面談を重ね、希望を聞き取りながら生活のサポートをしていく。そのコーディネートの結果、救護施設が出所後のひとまずの受け皿になることもあり、そんなケースでは刑務所を出所したその足でひのたに園へと向かい、その門を叩くことになる。

刑務所の中には、必要な支援が受けられていれば、刑務所に入らずに済んだような人もたくさんいる。そんな人が刑務所から出所した後に、一旦の暮らしの場所を提供しつつ、もう刑務所に入らなくて済むよう、より安定した地域での生活へとつないでいくことも救護施設に託されている役割の一つだ。

エピソード

4

「お前どつきまわしたろか!!」

あおり運転の常習者だった江島さん

加害と被害が同居する

12時が近づくと、昼食のために利用者がぞろぞろと食堂に集まってくる。

介助や見守りの必要な30名弱の利用者は一足早く食事を始めているから、職員はお膳を配ったり、口元にスプーンを運んだり、食後の薬を飲んでもらったりと、いつものように慌ただしい。一方、身体の元気な人たちはカウンターに列をなし、自分の名札を裏返してから、1皿ずつメニューをとって席につく。

この日のメインは鰆（さわら）の煮つけ。ひのたに園の定番メニューだ。

ご飯は150gから300gまで、50g刻みで一人ひとり量が決まっている。糖尿病などを抱えている人には減塩加工したおかずを、特定のアレルギーを持った人には名札付きの専用メニューが用意してある。その日の僕はカウンターの見守り当番だった。並んでいる利用者に対して、間違えずに自分のお皿を取るよう声をかけるのもカウンターに配置された職員の仕事だ。

席は自由だけれど、何となく定位置があって、いつも同じような席順になる。一つのテーブルに6人程度の利用者が座り、雑談をしたり、職員の目を盗んでおかずを交換したりする食事の時間。いつもの光景だ。席順を見れば「今はあの人とあの人が仲良くしているんだな」と日々変わる利用者同士の人間関係やパワーバランスも垣間見える。

そんな時、あるテーブルが目に入った。

数人がテーブルを囲み、雑談で盛り上がっている。その中の男性は2500万円を恐喝で脅し取った罪で受刑歴のあるかただった。一方、彼と楽しく話していたのは、1000万円を特殊詐欺でだまし取られて無一文になってしまった女性だった。

本人たちはもちろん互いのバックグラウンドを細かく共有していないけれど、事情を知っている職員から見ると不思議な光景だ。最後のセーフティネットでは、被害と加害が平然と同居している。

同じ暴力団組織の先輩後輩だった二人が、偶然ひのたに園で再会し「お前久しぶりだな～」なんて場面もあった。暴力団に所属していたとか、傷害事件を起こしたことがあるとか、そういう明らかな「ワルかった経歴」がない人でも、派手な見た目や荒っぽい口調から「血気盛んな若い時代を過ごしたんだろうな……」と想像できる人は多かったし、入所時に共有される簡単な生い立ちの中に逮捕歴や受刑歴を見つけることは珍しくない。

この仕事をしなければ出会うことのなかったであろう、自分とは全く違う地平を歩んでいた利用者たちの存在に最初は戸惑ったが、いざ対面してみると、書面上のハードすぎる過去とは打って変わって意外に気さくで人懐っこかったり、逆にビックリするほどおとなしかったりして、実際に園内でやり取りをする分にはそこまで怖い思いをすることはなかった。あの日までは。

あおり運転の過去

江島さんという40代の男性は、僕の担当利用者の一人だった。

園内ではいつものように黒い革ジャンに刺繍(ししゅう)入りのジーンズをはいて、その持ち前の親分肌で他の若いやんちゃな利用者たちを率いて、いつも堂々と施設内を闊歩(かっぽ)していた。江島さんを先頭にした3〜4人の集団は、荒れた高校の廊下を練り歩くヤンキー集団さながらのオーラで、園内でも特に存在感があった。

江島さんがひのたに園を利用するのは、今回で2度目になる。

初めての時は、交通事故にあってしまい、病院を退院してから生活の再建のためにひのたに園にやって来て、半年ほどして園を出た。アパートでの一人暮らしを始めたのだが、毎月振り込まれる生活保護費を次の支給日を待たずして使い切ってしまう状態が続き、家賃を滞納した結果、2年後に再び入所することになったのだ。

実は、過去にひのたに園や他の救護施設の利用歴がある人の入所は珍しいことではない。一人暮らしが続かなくなって戻ってきたり、刑務所を経由して再度入所したり、事情は様々だが、「滋賀県の救護施設はほとんど行ったことあるで〜」と自慢げに話す、救護施設は7回目という男性もいたくらいだ。

そんなわけで、ひのたに園の勝手もよく知っている江島さんは、気になることがあると担当の僕に対してもいろいろな注文をつけてきた。

「今一緒の部屋にいるアイツなんだけどさ、イビキがうるさすぎるんだわ。今まで我慢してたけど、最近ほんとキレそうだから、そろそろ部屋替えてもらっていい｜?」

リクエストしている内容は納得のできるものだが、僕一人で判断してOKできる内容でもない。かと言って「ダメです」なんて言えば、キレられそうな雰囲気の時もあり、「他の職員と共有して、検討してみますね」といった調子でいつも返していた。

また江島さんは、交通事故の後遺症で高次脳機能障害を患っていた。高次脳機能障害とは、脳へのダメージによって記憶障害をはじめとした様々な症状があらわれる障害だ。一人暮らしが破綻してしまった背景には、記憶障害の影響でお金を使いすぎてしまう事情もあった。そのため園内でも大好きなタバコを買うお金がなくならないよう、所持金は僕が預かって、必要に応じて、数日ごとに数百〜数千円を江島さんに渡す約束をしていた。

そのうちにある程度の信頼は得られたようで、2か月も経つ頃には江島さんも「みよちゃん、みよちゃん」と呼んでくれるようになった。担当になったからにはきちんとこれまでの生活のことも聞いておかねば、と思い、記憶障害のきっかけになった事故のことも、聞いてみた。

「俺運転しててな、前の車が変な運転しててん。腹立ってな、追いかけまわしたんよ。というか、腹立つといつもそうしてた訳よ、俺は。今で言うあおり運転ってやつやんな。そしたら運悪くその日は事故っちゃってね」

驚いた。江島さんはあおり運転の常習者だったのだ。その結果として事故にあい、ケガを負った。運転中の事故で後遺症が残ったとは聞いていたが、まさか加害者側だとは知らなかった。当時は奥さんや娘さんもいたそうだが、今は連絡をとっていないそうだ。

3か月目の大事件

その日の朝、出勤すると、いつものように派手なファッションを身にまとい、ハットを被った江島さんが現れた。

「みよちゃん、待ってたでー。昼飯終わったら3000円渡してほしいんだけど!」

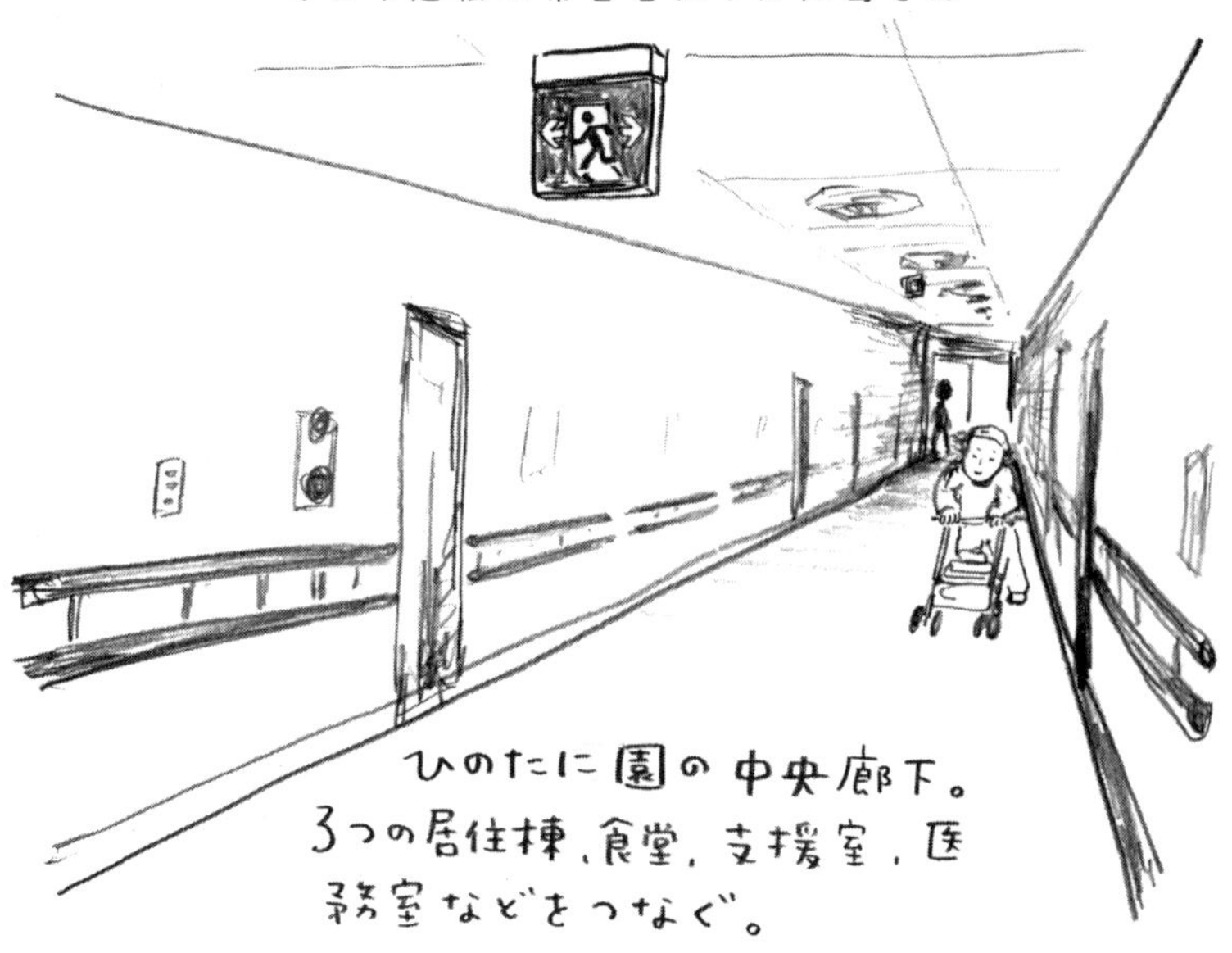

と聞かれたので、

「はい、渡せるか確認しておきますねー」

といつも通り調子よく返事して、お金を渡す約束をした。

しかしその直後には朝の申し送りがあり、続けてラジオ体操、水分補給、午前のグループ活動、そして昼食の用意と一連の業務がやって来る。覚えたての業務にせっせと勤しんでいた僕は、昼食の介助を終えて、車いすのかたや介助が必要な10人を超える男性陣をトイレへと誘導し、無事にお手洗いやおむつの交換を済ませてもらった頃には、江島さんとの約束はすっかり頭から抜け落ちてしまっていた。

そのまま職員の昼休みが始まる12時45分を迎え、午前の業務を無事に終えた安堵とともに、昼食をとろうと支援室に戻った。

支援室は、3棟ある居住棟を結ぶ中央廊下の真ん中にある15畳ほどの部屋だ。居住棟から少し離れた場所にある事務所は園長や総務課長など事務職の仕事場だが、こちらは主に生活支援員の仕事場。中には記録のためのパソコンが数台並び、休憩もとれるようになっている。利用者もよく訪ねてくるが、全利用者の個人情報や日々の記録が綴られたケースファイルを棚の中に保管していることもあって、利用者は立ち入り禁止となっている。

他の職員より一足先に支援室に戻っていた僕が、昼食のコンビニ弁当をチンしようとフタを開けたその時、江島さんがやって来た。

「みよちゃん、お金いまもらえる?」

朝に江島さんと交わした約束を、すっかり忘れていたことに気がついた。やばい。とっさに取り繕った。

「あ! すみません、まだ確認できてなくて」

「え、まだ用意してくれてへんの?」

自分の忘れっぽさを反省したが、こっちだって忙しなく動いていたんだ。江島さんは、どうせタバコかお菓子を目当てに、近くのコンビニにでも行くんだろう。それなら昼も夕方も大して変わらないはずだ。もし本当に今すぐ必要なら、急いで事務所に行って出金の手続きをすればいい。そんな考えが頭をかすめながら、何気なく聞いてみた。

「夕方になっちゃいますけど、それでもいいですか?」

今思えば、心の声が発言と態度に出てしまっていたのだろう。その瞬間、江島さんの目つきが変わった。

「なんで用意できてへんの？」

やばい、怒らせてしまった。すでにいつもの優しそうな表情は消え、鋭いまなざしで僕をまっすぐ睨んでいる。

「俺は昼って言ったやんな？　お前、俺のことナメてる？」

みるみる距離を詰められる。普段は職員しか入れない支援室に、江島さんはずかずかと入ってきた。心臓をバクバクさせながら「すみません僕が忘れてました、すぐ用意します」と掠れた声でぼそぼそと伝えたが、時すでに遅し、だった。

「お前俺のことナメてるよね？　なんで用意できてへんの？」

「いや、すみません、他の業務でバタバタしてて……忘れてました……」

どんな言い訳も釈明も、江島さんの怒りに油を注ぐばかりだった。

「お前、俺の担当やんな？　担当やんな？　他の業務とか関係ないねん。俺のお金預かってんやろ？　どないしてくれんねん？」

江島さんは、すでに僕の胸ぐらをつかみあげていた。すぐ目の前に江島さんの顔があった。

「なぁ‼　どないしてくれんねん⁉　担当やろがぁー‼」

支援室から鳴り響いた怒鳴り声とただならぬ雰囲気を察知して、職員や利用者が駆け寄ってきた。

「どないしたん江島さん！　事情は分からんけど、ひとまず御代田さんから離れよか？」

先輩職員が慌てて間に入ってくれた。

「いや離さんで。どつきまわしたるわ、こいつ」

江島さんの怒りは収まらない。他の利用者の混乱も避けるため、居住棟とは別の棟にある事務所の面談室に場所を移して、先輩職員も交えた話し合いの場を持つことになった。

朝のうちにお金を渡しておけばよかった。この3か月、支援員としての仕事はうまくやれていたのに。ついにやらかしてしまった。先輩たちも「やっぱり東京から来た彼はここではやっていけない」と失望するだろうか。

事務所へ向かう道中、そんな後悔の念が頭を駆けめぐっていた。

感情のジェットコースターを味わう

ガラス張りの面談室。食堂と同じタイミングで改築された事務棟は、利用者が気軽に相談に来られるように、という想いもあって、部屋の中が見えるようにガラス張りになっている。先輩職員2人を加えた4人で、居住棟から事務棟に向かった。

事務棟の玄関でスリッパに履き替え、入ってすぐの面談室の前に近づくと、江島さんは僕に「はいりーや」と促した。恐怖と緊張で江島さんの奴隷のような状態だった僕は「はい」と、江島さんに言われるがまま部屋に入った。するとその途端、江島さんもすかさず入り、先輩職員を面談室の外に残したまま、中から面談室のカギを閉めてしまったのだ。

部屋の中には二人きりだ。江島さんの怒りは、まだ静まっていなかった。

「お前、ええ加減にせえよホンマに」

まっすぐ睨みつけられた。机越しに距離をとりながら「はい……」と黙っていると、履いていたスリッパを思い切り投げつけられた。ガラス越しに「江島さん、開けてや〜!」と声をかける先輩職員には目もくれず、ついにはその場にあった木のイスを持ち上げ、僕に向けて振りかざそうとした。思わず目を閉じた。

「江島さん、それはあかんでー!」

外にいた先輩職員がそう叫びながらマスターキーでカギを開けてくれたおかげで、イスが振り下ろされることはなかった。江島さんもようやくイスに座り、テーブルを囲んで話し合いが始まった。

話し合いでは、先輩職員のフォローのもと、朝の段階でお金を出せないか聞かれていたこと、しかし他の業務で慌てていてその約束を忘れてしまっていたことなど、今回のトラブルに至った経緯を時系列とともに整理した。

僕はといえば、話し合いの最中も、突然の出来事への驚きで、半ば放心状態だった。

その場では何度も江島さんに対する謝罪の言葉を口にしたが、怒鳴られたことによる極度の緊張に加えて、様々な感情が渦巻いて、その場で素直に謝罪の気持ちを抱くことは難しかった。そんな僕を見透かしたように江島さんから「てめえ、聞いてんのか？　おい」と怒声が飛んだ。

30分ほど話し、今後は同じことが起こらないように、前もってお金を渡す日を決めておくことになった。カレンダーに日付と金額を書き込み、そのコピーを僕と江島さんが持っておくことで、誤解や渡しそびれを防ぐことも決まった。

そうした整理がついた頃には、江島さんもかなり落ち着いていた。僕も着地点が見えたことで、安堵の気持ちが芽生えていた。

そんなタイミングでふと、江島さんが「ほら、ちゃんと話したら整理できるやろ」とじっと僕の目を見て、ぼそりと諭すように言った。その途端、江島さんに許されたようで緊張が一気にほどけたこともあって、何か自分でも正体のつかめない感情が、江島さんに対する謝罪や申し訳なさとともにふつふつと湧いてきた。そして気づけば「はい、すみませんでした……」とうつむきながら呟（つぶや）いていた。

支援される人は、堂々としてはいけない？

救護施設を利用している人は、もれなく生活保護の受給者だ。

生活保護制度についてのスタンスや理解度は人それぞれだろうけれど、福祉業界で仕事に携わる人間の多くが「生活保護は権利だ」と主張する。僕も完全に同意する。だから、救護施設を利用することも、必要とする全ての人に開かれた権利だ。

ただ、そこには「生活保護を受給して支援を受けている人は、支援されている人らしく振舞うのが当然だ」という自分でも気づかない前提があったのも事実だ。だから就職した当時、江島さんが派手なファッションをまとって、他の若いやんちゃな利用者を率いて堂々と施設内を闊歩し、職員に注文を付ける姿に違和感を持ってしまった。

「最後のセーフティネット」を謳うからには、「最後まで落ちて無力になった人」しかいるべきではない。命を救ってもらっているんだから、少しくらいのことは我慢してもらわないといけない。江島さんに「夕方になっちゃいますけど、それでもいいですか？」と聞いた時、僕の中にはそういう気持ちがあった。

江島さんは、前もってお昼に外出する計画を立てて、その日の朝、僕が出勤する時間を見計らって支援室にお願いしに来たのかもしれない。けれどそんな事情は想像に及ばず、僕の方は調子よく返事をしながらも「忘れてもなんとかなる」「こんな突然の依頼に細かに答えていたらこちらの身がもたない」と思っていた。

約束したお金を取りに来た時、江島さんは僕のそんな本音を一瞬で看破した。こいつは、俺をナメている、と。

そして感情をあらわにしたあと、「ほら、ちゃんと整理したら分かるやろ」と江島さんが呟いた時、「あんな、俺にも気持ちがあんねん」と伝えられたような気がしたのだ。江島さんにとっては何気ない一言かもしれないが、その時、どんな人でも自分と同じように「何かしたい」という素朴な気持ちを持っている、という一見当たり前のこと、そしてその気持ちはその人が「支援を受けている人」だからと言って後回しにしていいものではない、ということまた当たり前のことを突きつけられたような気がして、うろたえてしまった。

「気持ち」と言っても、タバコを吸いたい、お昼過ぎに外出したい、というくらいで、「希望」や「願い」と表現するのは少し大袈裟なものだ。でも、その暮らしの視点が、僕には欠けていた。

施設で働いていると、「靴下に穴があいたから新しいのを買ってきてほしい」とか、「給食のおかずの塩気が足りないのをなんとかできないか」とか、いろいろなリクエストをされる。僕らは「支援者」としてどんな時も共感と傾聴の態度を示さねば、という意識があるから「そうですよね」と何でも受け止めるが、それが細かいリクエストだったり、実現不可能な要求だった場合、条件反射的に「いやそのくらい我慢しようよ」と声にならない大きさで、心が呟いてしまう。

そしてそこに、過去に何らかの加害行為に関わっていた事実が加われば、「この人はそもそも、支援されるに値するのだろうか？」という疑問と戸惑いさえ生まれてくる。

あおり運転をしていた過去を持ち、園内で堂々と振舞う江島さんを前に、自分の中に隠れて湧き上がっていたそんな本音を放し飼いにした結果、江島さんの素朴な気持ちを想像することができなくなっていた。自分の都合で透明なカーテンを引いて、そこに生身の人間がいることに見て見ぬふりをしていた。そんな僕に気づいた江島さんが、そのカーテンを引きちぎり、僕の目の前に突如「生身の人間」が顔を出したから、うろたえたのだ。

それから1週間、江島さんとすれ違うたびに姿勢を正して「先日は失礼しました。いやな思いをさせてしまって」と頭を下げた。「分かってくれたならええねん、これも勉強や」と江島さんは笑顔なく返事をしてくれた。反省の気持ちはあったし、再び機嫌を損ねないように、その後も慎重に接していた。

それにしても、初めて剥き出しの怒りをぶつけられた強烈な体験だった。親や学校の先生、先輩や上司に怒られることはもちろんあったが、そこには何らかのメッセージやパフォーマンス的な要素があって、反省して謝れば済むものだったし、本気で僕を攻撃しようとするものではなかった。でも江島さんの怒りは違った。あの瞬間に限って言えば、手のつけられない、純粋な怒りそのものに見えた。

翌日から偶然3日連続の休みだったが、しっかり心のダメージを引きずった。「自分の対応はまずかった、江島さんに失礼なことをした」と反省しながらも、「でもあの場面ではあの対応しかできなかった」「それにしてもあんなに怒られないといけないのか」「あーもう出勤したくないなあ」と悶々（もんもん）としながら、自宅に籠（こも）って過ごした。

症状と性格の狭間（はざま）で

それから2か月経った頃だろうか。この前の件が話題になることはなくなっていた。そして、江島さんも作業所に通いながらアパート暮らしを始められる見込みが立った。作業所の体験実習に行くにあたって、最寄りのバス停までの道のりを確認するため、事前に二人で下見に出かけた。

笑顔で冗談を言う江島さんに、ほとぼりも冷めただろうと、あの日のことを聞いてみた。

「江島さん、そういえばこの前怒ってた時、あれ死ぬほど怖かったですよ」

「え、俺が怒ってた？　みよちゃんに？」
「そうですよ、僕の胸ぐらつかんだりスリッパ投げたり」
「マジで？　全然覚えてへんわ。ごめんな、そんなことして」

まさかのまさか、これっぽっちも覚えていなかった。確かに江島さんはこれまでも忘れっぽいところがあり、記憶障害があることは理解していたつもりだったが、僕にあれほどのトラウマと内省をもたらした事件までも、江島さんはすっかり忘れていた。

加えて、江島さんの患っていた高次脳機能障害は、記憶障害に限らず、人によって千差万別の症状がある。その一つに、ちょっとしたことで怒りを爆発させてしまうというものがある。江島さんのあの日の爆発は、この症状によるものなのか。それとも、

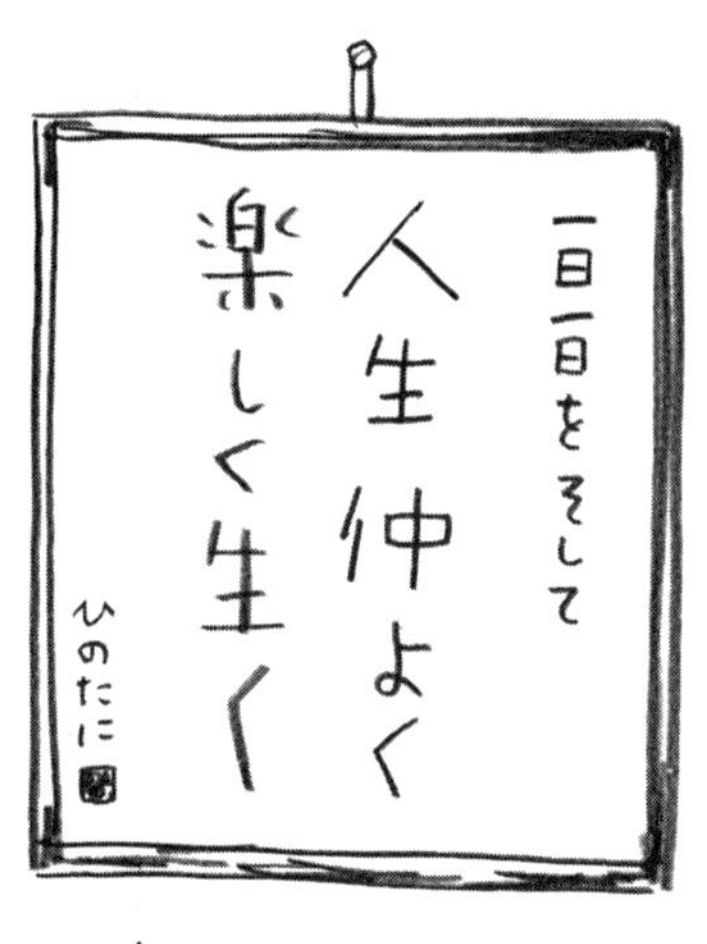

支援室の壁にかかっている額

江島さんのもともとの性格によるものだろうか。江島さんがあの日の出来事をまるごと忘れてしまった今、それを確かめる術もないけれど。

コラム#4

目の奥を覗かれる

ひのたに園にいる若い男性の入所者とコミュニケーションをとる中で、初めて味わった感覚がある。それは「目の奥を覗かれる」というものだ。

特に「やんちゃ」と言われる人生を送ってきた人たちからリクエストや苦情を言われた時。「またのめんどくさいことを言ってきたな……」と少しでも気を抜いて応対すると、すぐに見抜かれる。こいつはナメているる、と。自分では表に出していないつもりでも、ちょっとした言葉遣いや目つきに出てしまうのだろう。その結果、かえって感情を逆なでしてしまう。

ある宿直の夜の21時頃、僕とほとんど年の変わらない若い男性から突然呼び止められ、「ちょっと来てほしいんやけど」と運動場に招かれた。笑み一つ浮かべない静かなトーンで、なんだか高校で怖い先輩に呼び出されたようなシチュエーションだ。「こんな夜に話さなきゃならないことなのか……」と少し面倒くさがる気持ちを抑えて向かったところ、開口一番「俺、今からここ出るから」と告げられた。宣言するような、どこか煽(あお)るような口調だった。「あぁ、なんか深刻そうな話だなぁ」と気が重たくなりながら事情を聞くと、昼間、他の職員とのやり取りの中で気にくわないことがあったらしい。

「そんなことくらいで退所だなんて……」と思う自分もいたが、その思いのままでいればいつか見抜かれる。

そして事態は余計にこじれる。江島さんとの約束を忘れた僕がとっさに取り繕った時、一瞬で内心を見透かされたのと同じだ。

恐らくこの人は僕を試している。そして僕が誠意のない態度でいれば、本気で退所するつもりなのかもしれない。こんな時間に退所する／しないで騒ぎになったら大変だ。江島さんとの一件を脳裏に思い起こしながら「今度ばかりは同じ過ちは犯さない」と念じた。そして覚悟を決め、その人の気持ちになりきってじっくり目を見て話を聞いた。

気にくわなかった職員とどんなやり取りがあって、どんな気持ちになったのか。その職員にも何か事情があったのではないか。落ち着いた頃に時間を設け、気持ちを素直に伝え、関係を修復する手立てはないか。一つ一つ整理して言葉にしていきながら、前向きに話を進めた。すると10分ほど経った頃には「明日園長に相談してみよう」という結論になり、「分かったよ、こんな時間にすまんかったな」と言い残して無事部屋に戻ってくれたのだった。

ひのたに園には、身体一つで生きてきて、人の情につけ込んだり、逆にだまされながら生きてきた人たちもいる。人の心の機微を察知する術を身につけずには、生き延びることができない環境で過ごしてきた人たちだ。彼らは共通して、彼らに特有の動物的なセンサーのようなものを持っていた。

だから、こちらも小手先の対応ではなく、それなりの覚悟を持って向かい合う必要があるのだ。

エピソード

#5

「二人で死のっか、って山を登って」

自死を寸前で思いとどまった廣瀬さん

ひのたにタバコミュニケーション

ラーク、セブンスター、ラッキーストライク、マールボロ、メビウス、ホープ、わかば、ウィンストン……。

ここに来てから、たくさんのタバコの銘柄を覚えた。みんな、タバコをよく吸うからだ。コロナ禍が始まってからは、感染者が増えるたび、利用者には外出を控えてもらっていたため、週に数回の「買い物の日」に支援員が代わりに買いに出かけていた。毎回、希望者には買ってきてほしい品物のリストを提出してもらうのだが、当然その中には、様々な銘柄のタバコが登場する。

「あかのラーク　ロング12ミリ　3つ」

「マルボロ8mg　1箱（メンソールのやつ）」

鉛筆書きの縮れた文字で、ひらがなやカタカナ、漢字が入り交じりながら、細かなリクエストが並ぶ小さなメモ用紙が、何枚も集まってくる。銘柄だけでもたくさんあるのに、ロングとかショートとかタールが何ミリとかメンソール付いてるやつとか、いろいろと細かい注文が入るからややこしい。

少しでも種類を間違えると「もう一回買い直してこい！」と腹を立てる人もいるので、手元のメモと買ったタバコを何度も見比べながら、慎重に買いそろえていく。タバコを吸ったことのない僕からしたら厄介（やっかい）なミッションだった。

目当てのタバコを手にした利用者は、そのまま支援室の向かいにある喫煙所へと向かう。朝7時から22時まで利用できる喫煙所は、愛煙家の利用者にとって、部屋に次いで落ち着ける場所かもしれない。

宿直の日の22時。喫煙所の吸い殻を廃棄するのが、仮眠前の最後の仕事。僕にとっては唯一、喫煙所に足を踏み入れるタイミ

支援室で管理しているたばこたち。

ングだが、灰皿の底でくたくたになって水に沈む大量の吸い殻と微(かす)かに残る煙の臭いに、「いつもここでみんな何を話しているんだろう？」と想像していた。タバコを吸わない身からすると、なんだか喫煙者だけに許された「タバコミュニケーション」が生まれているような気がしたのだ。

やって来た〝普通〟の夫婦

ある日の昼下がり、喫煙所を窓越しに眺めると、男女入り交じるタバコミュニケーションの輪の中で、男性陣と親しげに話している女性がいた。廣瀬亜紀さんだ。廣瀬さんは40代半ばの女性で、夫の邦彦さんと一緒に、初夏の6月に入所した。廊下で二人寄り添って、手すりにもたれながら、静まり返った夜に遅くまで話しこんでいる姿が印象的だった。普段は無口だけど、真面目で、何かをお願いすると快く協力してくれる邦彦さんと、おしゃべりで活動的な亜紀さん。誰が見ても、相性のいい二人。

目立った病気などもなく、身体も元気だったから、大掃除や行事の準備の時は二人ともせっせと協力してくれた。誤解を恐れずに言えば、二人とも本当に〝普通〟の見た目で、深夜のコンビニで部屋着のまま缶チューハイを買っていそうな、そんな雰囲気の夫婦だった。

亜紀さんは気さくな人柄だったから、僕も廊下ですれ違えば簡単に会話を交わし、冗談を言い合う仲ではあった。ただ雑談以外で関わる機会が少なかったこともあって、ひのたに園の暮らしをどう思っているのか、今どんな気持ちでいるのか、そんな突っ込んだ話まではしたことがなかった。というより、簡単には突っ込めない事情があった。

二人は、仕事に行き詰まり、一度死のうと決めて山を登ったが、やはり生きようと思い直して交番に助けを求めて、結果としてひのたに園にやって来た夫婦だったのだ。

そして、まだ夏が終わらないうちに二人は仕事を見つけて、退所することになった。退所の3日前、朝7時からの早出の勤務が落ち着いた夕方、亜紀さんに時間をとってもらって話を聞いた。場所は、食堂の隅にある、普段は倉庫としても使っている一室。二人に、ひのたに園はどう映ったのか。3か月弱のひのたに園での生活は、どんな体験だったのか。それを聞いてみたかった。亜紀さんは、待ち合わせの3時半ぴったりに来てくれた。

「みよちゃんが3時半にどうのこうの、って言うから、どうしようか〜って二人で話してたんよ。まああの人は喋りたがらんだろうし、『あたし行ってくるわー』って言って」

僕が「話を聞きたい」なんてあらたまって言うもんだから、少し不思議がって事前に邦彦さんとも話題にしていたようだ。利用者の絵画作品や作業道具に囲まれながら、中央のテーブルに向かい合わせで座った。

その目に映った救護施設

――最初いらっしゃった時、ここはどんな印象でしたか？

そもそもこういう施設があることを知らなくて、「あーこういうとこがあるんだー」って、うん、思った。まさか自分たちがこういう風になるとも思ってなかったけど。で、人がいっぱいいいるんでびっくりした。

〜〜〜〜〜〜〜〜〜〜〜〜

やはり、街から見えない場所にこんなたくさんの人が暮らす施設があること、それに車いすに乗った利用者や、寝たきりの高齢者などが同じ空間にいることには驚いたようだ。初めて訪れる人にとってみれば、やっぱり不思議な空間だ。

〜〜〜〜〜〜〜〜〜〜〜〜

――ここでの人間関係は、どうでしたか？　亜紀さんは、いろいろなかたと話してた印象でしたけど。

いろんな人がおるよね。でも、声小さくなっちゃうけど、内心は「一緒にされたくない」とかって思ってたよ。

亜紀さんは少し抑えめのトーンでそう教えてくれた。そして「自分も同じなんだよ、ここにいるんだから同じなんだよ」といつも自分に言い聞かせていたとも重ねた。結局、邦彦さんとほとんどの時間を一緒にいたというが、中には気の合う利用者もいた。

◯◯さんとか、◯◯さんとはちょこちょこ喋ったりしとったけど、他の人とはそんな別に、タバコ吸いにあそこに入った時に、男の人と、マッチャンとか。

〰〰〰

マッチャンとは、同じく最近入所した松田さんのことだ。考えてみると、松田さんも普段は寡黙だけど、二人きりだとよく喋るタイプで、どこか邦彦さんとキャラクターが似ているから、何となくやり取りのイメージが湧く。

新しく誰かが入所した際、すでにいる利用者に対して、職員からその人の入所経緯を伝えることはない。プライバシー保護の基本だ。本人が打ち明けた場合は別だが、進んで打ち明ける人も少ないだろうから、利用者同士では「まあここにいるってことは、みんな人に言えないことはあるよね」という暗黙の前提は共有しつつ、探り合いながら少しずつ関係を築いているのだと思う。

一方で、職員は書面で簡単な入所経緯や生い立ちが知らされるが、普段の関わりでは、それを前面に意識して付き合うことはない。
それに100人も利用者がいて、年間60人近く入れ替わる施設だ。連休をとって職場に戻ったら新しい人が3人もやって来ている、なんてこともあるから、職員だって全員の入所経緯を完璧に把握しているわけではない。担当利用者となれば話は別だが、相性だってあるし、その場その場の関係性の中で、無理なく関係を築いている。

「あたし一人でよう生きていかんわ」

亜紀さんと邦彦さんは、和歌山県で派遣の仕事をしている時に出会い、連れ添って15年になる。しばらくは別々の職場で、邦彦さんはトラック運転手を、亜紀さんは事務をしていたが、ある時邦彦さんが突然仕事を辞めた。

〰〰〰

会社の人と喧嘩したのか、事後報告やもんで。「辞めた」って。「ああそうですか」ってそれしかないよね。

笑いながら亜紀さんは言った。いつも通り多くを語らない邦彦さんだったが、その後は、二人で働ける職場を探して、滋賀に移り住むことに。次の職場では、派遣会社の社員向けの家具や備品の管理を任された。

寮がいっぱい、全国にあるのね。派遣で入ってく人の住まいとしてね。そこの寮に持っていく冷蔵庫、洗濯機、テレビ、テーブル、カーテンとかを、あの人がチェックして点検して、配達する人が持っていけるように準備して。あたしは部屋の清掃とかを担当して。

仕事は二人で協力しながら忙しくこなしていたが、直属の上司は「大学もいいとこ出ったみたいやけど、パッとしないし、仕事もできやん」ようなタイプで、その上司との関係に、二人は相当消耗したようだ。

上司に恵まれなかったね。ほんとうちら動くのは苦にならんし好きやからさ、やりたかったけど。もう無理だね、限界だね、って。

――その時点で、精神的にもかなり参ってた感じなんですか?

あ、あの人はね。「ダメだな」って。「仕事がない、どうしよう」って。でも管理部の上の方の人が良くしてくれとったんよ。その人に、「もしあれやったら、送迎のドライ

〜バー探してる連れがおるけど、そこ行かへんか?」って言われて。
悩んだ末に、紹介された職場をめざした。亜紀さんは清掃を、邦彦さんはドライバーを、と聞かされていた。しかし、フタを開けてみると、邦彦さんを待っていたのは、工場のライン仕事だった。

〜〜〜〜〜〜〜〜

ライン仕事ダメなのよあの人。ダメだって言うとった仕事に回されたの。で、もう真っ暗闇よ、家の中電気つけてても、あの人。何とか行っとったけど、帰ってくるともう、はーーーーって感じで「俺もうやっぱりダメだ、ダメだ」って言って。

〜〜〜〜〜〜〜〜

長距離ドライバーは、ノルマさえこなせば他人にとやかく言われず一人気ままに過ごせる。そんな働きかたを好んで長年続けていた邦彦さんにとって、職場での人間関係に気を配りながら単純作業をこなし続けるライン仕事は全く向いていなかった。前職での消耗に、そのストレスが重なり、「こんなんやったら死んだ方がましや」と言うようになったという。邦彦さんのそんな姿を見た亜紀さんは、「一緒に死のうか」と声をかけた。

〜あたし一人でよう生きていかんし。うん。やで、だったらもういいよ一緒に死んじゃ

〜おって。で、そういう風になっちゃったの。もう、ダメだったね。

事情は分かるけど、だから死ぬってのは、いくらなんでも早急じゃないか。身体も丈夫な二人なら、仕事はごまんとある。そんな思いもよぎったが、新しい職場を探す気力は、もう残っていなかったという。

〜〜〜〜だってホントにあたし一人じゃよう生きていかんからさ。どっこも一人で行けれないし。どっこも行けれない。そんで、山に登って。

少し、沈黙が流れた。亜紀さんは、それ以上のことを話すことを躊躇っているようだった。山を登りながら、何を考えていたのだろう。どこの山だろう。二人はどんな会話をしながら登ったんだろう。時間をとって利用者に話を聞く時は、生い立ちのことや仕事のことも、自分が具体的にイメージを持てるまで、細かいことも突っ込んで質問するように努めていた。だけど今回ばかりは、死のうとして山に登ったその日の、真っ暗闇の中にいた時の亜紀さんの感情も一緒に引きずり出してしまいそうで、こちらもそれ以上に質問を重ねることはできなかった。

そんな僕の気持ちを亜紀さんも察したのか、沈黙を埋めるように「ほんま、あたしどっこも行けへんのよ、一人じゃー」と笑って話題を変えて、方向音痴のエピソードを明るいテンポで続けてくれた。

結局二人は、「やっぱり生きたいって思って」、近くの交番を訪ねたそうだ。そして、ひのたに園にやって来た。「どこ行くんやろーって感じやった」という。

不安を呼ぶ音、ホッとする冗談

そんな風にしてやって来た二人の入所直後のことを今も覚えている。一度死のうとしていたかた、と聞いていたから、どんな悲愴感の漂った夫婦がやって来るのかと、少し身構えていたが、入所直後の廣瀬さん夫婦は意外にも礼儀正しくハキハキとした印象だった。しかし、内心は穏やかではなかったそうだ。

1週間経ったくらいの時に、園長とここでちょっと喋っとって。そっで、「大分もうよくなったです」って一生懸命話してるんだけど、ザワザワって、いろいろな音聞こえるでしょ。そういう音とか、そういう話になると、涙目になってきてるのが園長もすぐ分かったみたいで。「やっぱまだダメだね〜」って言われたことがあったの。

ザワザワ、ザワザワとか、そういう音がすごーくダメで。自分たちが選んで、そういうことしようとしたんやけど。今は全然大丈夫だけどね。バカなことをしたなあと思う。

ひのたに園を囲む木々が風にそよぐ「ザワザワ」という音に、山に登ったあの日を思い出して、死にたい気持ちがフラッシュバックすることもあったのか。そんな心情も想像せずに、「入所経緯のわりには元気そうだなあ」としか見ていなかった自分が恥ずかしくなった。とは言っても、二人のように身体が元気な利用者に対して、衣食住の保障以上の特別な関わりはあまりできないのが実情だ。カウンセラーが常駐しているわけでもない。そのことも聞いてみた。

でもね、やっぱりね、笑って、接してくれるとか。それだけでも全然違う。めったに会わなくても「おはようございま〜す」って言ったら「おはようございま〜す」って言ってくれるだけでも、全然違う、うん。

ひのたに園では体力を余らせている人が多いこともあり、「できることは利用者にも協力してもらう」というスタンスで、当番制でお風呂場や食堂、トイレの清掃などをお願いしていた。他にも、廣瀬さん夫婦のような、特に協力的なかたには、定期的な草刈りや園内の清掃、それに雪が降ったら雪かきを、行事がある時はその準備を手伝ってもらう。そんな中で亜紀さんが同年代の女性支援員と交わした会話を思い出したように話してくれた。

〜〜〜〜〜〜〜〜〜〜〜〜〜〜〜〜〜〜〜〜

（掃除をしていた時に）「罰や！　あんたらがこれやってくのは罰や！」って冗談交じりに言われて。「何の悪いことをしたん？」って聞いたら、人がおったんでちっちゃい声で、「二人とも死のうとしたらしいやん……それの罰やないか！」って怒られて。

ああそうか、って思いながら。まあテキトーに言った言葉かも分からんけど、動いとった方が1日経つの早いし、元気になるし。助かったぁ、って思ってる。（その支援員とは）話もすごいしやすかったんだよね。

〜〜〜〜〜〜〜〜〜〜〜〜〜〜〜〜〜〜〜〜

「死のうとした過去がある」ことを話題にすることすら避けていた僕からすると、「二人とも死のうとしたらしいやん……それの罰やないか！」なんて、とても言えないと思ったけれど、その言葉は結果として、亜紀さんの心を軽くしたようだ。

ザワザワという音が強烈な不安を呼び起こし、「掃除するのは罰や！」というやや乱暴な冗談にどこかホッとする。人の気持ちというのは、分からない。

100人の利用者に、30人の職員。人に囲まれ、会話に囲まれ、作業に囲まれる中で、二人は前向きな気持ちを取り戻していった。

「慣れなしゃーない」

もちろん、ここは居心地がよいばかりの空間ではない。二人部屋が基本で、プライベートな時間や空間も限られている。

「慣れなしゃーない」。ひのたに園の利用者に「ここでの暮らしはどうですか？」という質問を投げかける時、多くの人から最初に返ってくる言葉だ。

この短い一言の中に「ひのたに園の暮らしは居心地のよいものではないけれど、ここにたどり着いたのは自分の責任だ。だから職員や施設を責めることはできないし、責めたところですぐ何かが変わるわけでもない。慣れるしか道はないんだ……」という気持ちが滲む。そんな自責と諦めが入り混じったようなため息だ。

亜紀さんも、生活環境については相当我慢していたようだった。女性陣は全員、6畳の和室をカーテンで仕切って二人で過ごしてもらっていた。

こんなん言ったらあれやけどね、今一緒の部屋の人、掃除全然しないのよ。

——最近入られたかたですね。

髪の毛長いからね、お布団とかにも真っ黒になるくらいついてるのね。でね、一昨日ね、あまりのホコリに鼻やられて、くしゃみが止まんなくなったりとか。あまりに掃除をしないもんで、（自分と）真逆。そのたびに旦那に、カーーーッて言って。

仕事決まってからは、「あともうちょっとやで、あともうちょっとやで」って。普段は何にも感じてませんよ、っていう風に接しとるけど、すっごい嫌だった。


また、様々な事情や背景を抱えている人同士が同じ屋根の下で過ごす時、予想もしないトラブルが起きる。

ある時、父親から虐待を受けていた過去を持つ女性が、廊下に立つ邦彦さんとたまたま目が合い、その顔つきに虐待の経験がフラッシュバックしてしまった。これだけ高い人口密度で、男女が入り交じる空間の中では避けられず起きてしまうことで、誰にも罪はない。しかしその女性のかたが体調を崩してしまったこともあり、職員が間に入り、両者に事情を伝えた。


前に○○さんがご飯食べなかった時あるでしょ？　虐待受けて、その時のこと思い出しちゃったからって言って。旦那の目がね、怖かったみたいなね。

あたしがだんだん腹立ってきて、「じゃあうちらがこっから出りゃいいのかー？」って、「ここを出るってことは、もっかい死ねってことかー！」って職員さんに思わず言

名前シールが貼られたやかん。お茶っぱは週に7包配られる。

運動会で一等賞をとった時の写真。賞品はカップラーメン。

〜うてしもうて。

感情をぶつけた亜紀さんよりも年上の女性職員に「そんな気が短くちゃダメでしょー」と笑顔で諭され、亜紀さんはようやく我に返ったという。

他にも、掃除のグループが同じだった人の動きが悪くてイライラしたとか、ただボケッとモップをかけても床を濡らしてるだけであれは掃除じゃないとか、他の利用者への不満を勢いよく続けた。こうして改めてじっくり話を聞くと、「支援する立場」として常に一歩引いて関わりつつ、夜には自宅でゆっくりくつろげる立場にいると分からない、細かな暮らしにくさがたくさんあるのだとハッとさせられる。

一方で、一通り深刻な話題が終わったか

らか、園内生活の不満をまくしたてる亜紀さんの様子に、どこかホッとする自分もいた。部屋に落ちているホコリが目につき、人の掃除の仕方が気になり、誰かへの怒りが湧き上がるということは、最低限生きることの地盤が安定してきたしるしでもある。「死にたい」の最中（さなか）にいる人の目に、恐らくホコリは映らない。

亜紀さんは、トラックを運転する邦彦さんの横で、しばらくは助手席生活となるそうだ。仕事も自分たちで探して、会社の面接にも自力で行っていた。気のよい社長に出会え、しばらくそこで二人でトラックに乗り、落ち着いたら亜紀さんも仕事を見つけるつもりだという。「こういう風にしたのは俺やで、これから頑張るで」と邦彦さんも張り切っているらしい。

「普通に、うん、普通に暮らしたい」

廣瀬さん夫婦以外にも、自死を一度決意した末にやって来た人は何人か見てきた。自分が乗った車に火をつけ、そのまま死のうとしたけれど、いざ車が燃えだすと気が変わり、間一髪で飛び出して身体一つで生き延びた、という男性を担当したこともある。そのかたも、半年ほどかけて体調を整え、仕事を見つけて退所した。退所して2か月ほど経った頃、「近くを通ったで、遊びに来たわ、みよだ君いるかな思うて」とひのたに園に来てくれた時は嬉しかった。「コロナやで、めんどくさいこと言われる前に帰るしな」と園内には入らずに、僕と気心が知れた利用者にだけ挨拶をして、そそくさと坂を下りるその人を見送った時、人は変わるものだとしみじみ思わされた。

救護施設は対象者や入所期間に制限がないことから「最後のセーフティネット」と呼ばれるけれど、廣瀬さん夫婦のように、三途(さんず)の川に腰まで浸かった人が、いやいやダメだと引き返したその足でやって来たりもする。そんな時、ずぶ濡れの下半身をさっとバスタオルで拭いて、その冷えた身体を受け止める場所だ。

三途の川だけでなく、いろいろな場所から、冷えた身体を携えてここにやって来る。そんな時、彼らを受け止めるセーフティネットがなければ、冷えた身体は行き先を失い、人は孤独の中で死を待つしかなくなってしまう。だからこそ、ケガをしたら病院に行き、子どもが生まれたら保育園を申し込むように、いろいろなものを失ってしまった時に、恥や抵抗感を伴わずに、誰もが気軽に利用できるサービスとして存在しないといけない。

そしてこちら側は、この場所にたどり着いた人にもう一度社会に戻っていくための気力と余裕を蓄えてもらうためにも、なるべく雑音の少ない、暮らしやすい環境で迎える必要がある。ひのたに園でも、より快適な居住環境のため、カーテンで区切っていた二人部屋の和室を、完全な個室にするための改修工事を進めているところだ。

亜紀さんが最後に、今の気持ちを教えてくれた。

もうね、死ぬってことは考えないで、うん、やっぱり笑って、普通に、うん、普通に暮らしたい。子どももいないし、向こうもうちも親と疎遠みたいなもんやで、だからほんとに二人だけなの。だから余計に二人で笑って過ごしたい。で、たまに、焼き肉食べたり、お寿司食べたり、そういう風にしたいけどね。でも一番の望みは、笑って過ごしたいってだけ。笑えるようになったから、ここで。

「あの人はどう思っとるか知らんけどね」亜紀さんは笑いながらそう付け加えた。

コラム#5

「聞き書き」をやってみよう!

救護施設には、過去の生い立ちについての情報がほとんどない状態で入所する人が少なくない。

現場の職員は、入所経緯やおおまかな生い立ちは知っていても、頻繁な入退所や介護業務に追われて、一人ひとりの利用者がどこで生まれ、どんな人生を生きてきたのかまで知る余裕はないのが実情だ。しかも、利用者の基本情報や生活歴がまとめられた「フェイスシート」と呼ばれる書類には、救護施設に入所するに至った暗いエピソードや、病気や障害などの支援が必要な部分がどうしても強調されてしまうから、その人の捉えかたが狭く固定化されてしまっているようなもどかしさもあった。

そんなことを悩んでいた時に出会ったのが、六車由実(むぐるまゆみ)さんの『驚きの介護民俗学』(医学書院)。

大学を辞めた民俗学者の六車さんが、偶然就職した介護施設で、入居する高齢者たちの生い立ちを聞き取って、そこから見える地域の歴史や入居者の生きてきた風景をまとめた本だ。聞き取った内容を録音し、一文字単位で書き起こすその取り組みを「聞き書き」と呼んでいた。これだ! と思った。

早速、気になる人を見つけたら、「ちょっとお話、聞かせてもらえませんか?」とお願いをしてみるようになった。OKがもらえたら、少し時間が空いた時や、勤務が終わった後の時間などを活用して聞き取りをさせてもらう。

ひのたに園で働く中で、20人近くには聞き書きをさせてもらっただろうか。

聞き書きをする時はご本人の許可をもらったうえで、レコーダーで録音する。その後改めて録音データを聞き直し、一字一句書き起こす。タイピングは遅い方ではないが、録音を書き起こすのは、根気がいる作業だ。聞き取った時間の3、4倍はかかる。その人の話すスピードにもよるが、1時間分まるまる書き起こすと、たいてい1万字近くになる。

ただ、そこで語られるエピソードはどれも彩りに満ちている。書類上では見えなかったような、ライフステージごとに社会や家族の中で担ってきた役割も分かる。一人ひとりの人生の向こうに見える社会の姿や暮らしのカタチは多様だし、多様であっていいのだと気づかせてくれる。そして利用者に自然なリスペクトと関心を持つことにもつながる。

聞き書きは、支援に必要な取り組みなのかと問われれば、それは分からない。でも少なくとも僕が利用者とつながりあいながら救護施設で働いていこうとする時、それはどうしても必要な取り組みだったのだ。

エピソード

6

「パチンコ屋が開くまでや、ここにいるのは」

パチプロの山口さん

コロナ禍入所、まさかの第1号

2020年3月、世界中を襲い始めた新型コロナウイルスの影響は、ひのたに園にもやって来た。

高齢者や疾患を抱える人が数多くいるひのたに園にコロナウイルスが持ち込まれれば、多くの人の命が危険に晒(さら)される。そんな緊張感のもと、全国の介護施設と同様、職員のマスク着用や手洗い、全員への毎朝の検温が始まった。利用者にもマスクの着用や、外出制限に協力してもらうことになった。

一般的な介護施設はすでに、厳格な感染対策のため、家族を含めた面会や見学も停止していたが、ひのたに園は、コロナ禍による経済活動の停滞で仕事や住まいを失い、生活に困窮した人の受け皿となる場所でもある。

県内の生活相談の窓口には、すでにいつもの何倍もの相談者が貸付金の申請に訪れているという。そのうち、貸付金が底をついた人が生活保護を頼り、多くの生活困窮者が救護施設になだれ込んでくるかもしれない。ひのたに園が入所者の受け入れを停止するわけにはいかなかった。

そんな状況で、園内を得体のしれないウイルスの感染から守りつつ、困窮した人の受け皿となるという難しいミッションを前に、嵐の前の静けさのような日々が続いていた。

そんな時、コロナ禍による入所依頼の第1号が舞い込んだ。それは、まさかの来客だった。工場の雇い止めによって暮らしに困るかたが出てくることは想定していたが、聞けば、パチプロの男性だというのだ。

パチプロとは、パチンコの勝ち分を収入源としている「プロのパチンコプレイヤー」だ。3月から始まった政府主導の感染拡大防止策のもと、全国の飲食店や商業施設とともに、「3密」の代表例としてパチンコ店も休業要請の対象になった。その結果、男性はパチンコという唯一の収入源を失い、住んでいたアパートの家賃を滞納し、大家さんから退去命令が出て住む場所も失ってしまった、というのだ。

「さすが救護施設、こんな人も来るんだな……」となんだか新鮮な発見をした感覚とともに、パチプロという職業が身近でなかったこともあり、「本当にパチプロで生計を立てることなんてできるのか?」「ただお金がない中でパチンコで一発逆転しようとしてただけじゃないのか?」という疑問も片方で抱きながら、入所の日を待っていた。

「打ち子軍団」なる不思議なコミュニティ

入所日。男性は市役所の担当者とともにひのたに園にやって来た。山口浩紀さん、44歳。話を聞くと、本当にパチプロをしていたそうだ。

　パチプロで一体どうやって稼いでいたのか、どんな暮らしをしていたのか、個人的に興味があった。ただ入所してから2週間は隔離期間として、「自立訓練室」という1Kのアパートをイメージした一人暮らしの練習用の部屋で、他の人との接触を断った状態で、毎日検温しながら過ごすことになっていた。そのため、ゆっくり話を聞いてみたいと思ってはいたが、入所直後は話すことはもちろん、顔を見ることさえでき

山口さんの行きつけだったパチンコ屋さん。県内屈指の大型店。

なかった。しかも山口さんは体温の変動が激しく、まだ県内の陽性者も数えるほどだったが、「もし万が一コロナに感染していたら大変だ……」と職員もソワソワしていた。

そんな山口さんだったが、2週間後には体温も安定し、ある日出勤するとすでに一般の居住棟に移っていた。食堂で初めてすれ違った山口さんは、浅黒い肌に、100キロ近くありそうな恰幅(かっぷく)がよい男性だった。ただ、その見た目のイカツさとは裏腹に、話してみるととても無邪気で明るい雰囲気のかただった。

職員として最低限の自己紹介と挨拶を済ませて数日したのち、夕食後、食堂のベンチに腰掛けて、風呂の時間が来るのを待っている山口さんを見つけた。お風呂が開くまではまだ時間がある。やっと話を聞くチャンスがやって来たと思い、「パチプロとしてどんな日々を送っていたのか」という疑問を解消すべく、「山口さん、ちょっと聞いてもいいですか?」と声をかけた。

――山口さんって、パチンコで収入を得てらしたんですよね?

そうやで、「打ち子軍団」ってのに所属してたんや。オーナーとオーナーの奥さんを含めて5人。

パチプロと聞いて、てっきり誰にも頼らず自分一人で稼いでいると思い込んでいたが、そうではなかった。打ち子軍団と呼ばれる、見知らぬ個人同士が集まったグループに所属して、生計を立てていたのだという。

——全国にそういうグループがあるんですか？

全国にあると思うで。大きくて20人くらいのところもあるんじゃないかな。

——なんでまた打ち子になろうと？

いやだから、ただパチンコが好きだったっていうだけ。

——パチンコはずっとされてたんですか？

たまーにね、プライベートでも打ったりしてたよ、パチンコは好きでね、もともと。

〜〜〜〜〜〜〜〜〜〜〜〜〜〜〜〜〜

自分が世間知らずだったのかもしれないが、そんなパチプロ同士の草の根の互助組織のようなものが全国にあるらしい。何の制度にも紐づいていない、完全に個人同士の信頼関係に基づく組織だ。熱烈にパチンコに没頭した過去を持つ先輩職員が偶然いたので確かめてみたが、パチンコ屋でも時折見かけると言っていた。

山口さんが「オーナー」と呼ぶ人は、打ち子軍団の責任者にあたる人だ。メンバー全員に対して、いつどの店のどの台で打つのかを毎日細かくＬＩＮＥで指示を出しているという。山口さんによれば、「30代前半で、普通のパチンコ好きの兄ちゃんみたいな」人らしい。てっきりサングラスをかけた怖面(こわもて)の、ヤクザの親分のような風貌を勝手に想像していたから、なんだか拍子抜けしてしまう。

アングラ組織の素顔

メンバーの日給はおおよそ1万円。その日に勝つか負けるかに拘らず、固定給として支払われる。勝ち分はオーナーからメンバーに配布されている「貯玉カード」と呼ばれるカードにポイントで貯まっていき、給料を支払った残りがオーナーの手元に残るという仕組みだ。山口さんは滋賀県内で警備員をしていた2年ほど前、Twitterの投稿を見つけて連絡をとったことが「入団」のきっかけだという。

――Twitterの募集にはどんなことが書いてあるんですか？

打ち子募集、初心者からでもできます、とか。

――日当1万円、とかも書いてあるんですか？

だいたいスタートは8000円とかだけどね。そっから、2週間くらいで徐々に上がってくって感じ。僕の場合はね、パチンコをやらしてくれればいいんやって。

——でも、素性（すじょう）も知らない人のもとで働くのって怖くなかったんですか？

最初の面接でコンビニに呼び出された時は、さすがにどんな人が来るか怖かったで。めっちゃ緊張したもん。

〜〜〜〜〜〜〜〜

面接を経て打ち子軍団に所属することが決まってすぐ、オーナーは、余った家具家電などを提供してくれた。自宅からパチンコ屋へ、そこから別のパチンコ屋へと毎日移動するための車も渡してくれ、給料から後日少しずつ返してくれればいいと言ってくれたという。打ち子軍団、というアンダーグラウンドな響きに似合わない良心的な対応だ。まるで福祉団体による生活支援にも重なって見えてしまう。

いや、そんなうまい話があるものか。最初は優しい顔をして招き入れても、ミスをしたら酷い罰が待っていたり、裏では恐怖でコントロールしているんじゃないか。そう思って山口さんに聞いてみたが、「オーナーから怒られたのは、大事なイベントの日に遅刻した時くらいやで」とのこと。普段は山口さんとも敬語で話すような関係らしい。基本的なやり取りはＬＩＮＥで、実際にオーナーや他のメンバーと会うのは月に数回だったそうだが、飲み会などで親睦を深める時間も時々あったらしい。なんとも不思議な共同体である。

ただ、パチンコが好きとはいえ、どうして警備員という一応の安定収入を捨ててリスクの高い選択をしたのか。当時の心境も話してくれた。

Twitterで募集してて、「滋賀か〜」と思って応募してみようと思って。どっちみち、殺されることはないだろうと。言いかた悪いけど、殺されてもいいやと。最悪殺されたって身内がいるわけでもないし。ほんと「まあいっか！」みたいな感じだったんだよね、僕の場合は。

〰〰〰〰〰〰〰〰〰〰

僕はと言えば、パチンコは大学生の時に友だちに誘われてやってみたことがあるくらいだから、基本的な仕組みも知らなかった。山口さんからしてみれば当たり前のことを、あれこれ質問してくるのが珍しかったのか、少し時間があるたびに「今度はなんや〜？ NGなし、なんでも話すで〜」と嬉しそうに付き合ってくれた。山口さんは、他の利用者ともほとんど交流していなかったから、ちょうどいい雑談の相手が見つかったという気持ちもあったのかもしれない。

一口にパチンコと言っても「止め打ち」「捻（ひね）り打ち」など様々な打ちかたがあるらしい。そして「海物語」「花の慶次漆黒」「北斗無双」など様々ある台の種類によって、勝つための打ちかたやお店・台の選びかたが変わってくるそうだ。気づけば、僕も少しずつパチンコ事情に詳しくなっていった。

パチプロは「就労」とは言えない？

山口さんは入所した時から、「パチンコ屋が開いたらすぐにでもひのたに園を出て、パチプロ生活に戻りたい」と繰り返し言っていた。オーナーに借りがある中、チームに貢献できないことの申し訳なさもあったようだ。しかし他の生活保護受給者と同様、「就労の形で社会復帰すること」を山口さんに期待していた福祉事務所としては、山口さんのパチプロ活動を「就労」と認めるわけにはもちろんいかなかった。パチンコ屋が営業を再開した後も、ひのたに園の退所の時期や条件をめぐって揉(も)めていた。

自分が望む形ですぐに退所することができない状況に苛立(いらだ)ちを募らせていた山口さんは、福祉事務所の職員が来るたび、烈火のごとく怒りをぶちまけていた。

「ふざけんなー！　イイから俺の言う通りにしたらええんやー！」

「どりゃーーー！　何べん言うたら分かるんやーー！」

毎回、面談室からは怒号が響いていた。僕はその場にはいなかったので細かなやり取りは分からないが、怒号が聞こえてガラス張りの面談室に目をやると、立ち上がった山口さんが、机を挟んで反対側にいる福祉事務所のケースワーカーに襲いかかるように怒鳴っている。火を吐くような勢いで、僕と会話している時には見せない鬼の形相だった。

ひのたに園で働いていると、普段は温厚で気さくなかたも、お金の話が絡んだ行き違いやトラブルとなると、まるで別人になったように怒ることがある。だから、山口さんの変容ぶりにさほど驚きはしなかったが、その体格や声量もあって凄まじい威圧感があった。

福祉事務所との膠着状態は続き、隔離期間が終わって1か月以上経っても相変わらず山口さんはひのたに園にいた。最初は〝パチプロ〟という点に関心が集中していたが、そこに至るまでの生い立ちについても、一度ゆっくり伺ってみたいと思うようになった。また、以前話を伺った時に出てきた「身内もいないし」「殺されてもいいや」という言葉も引っかかっていた。そこで「何でも聞いてや～」という山口さんの言葉に甘えて、ある日の夕食前に時間をとって「聞き書き」をさせてもらった。

レコーダーを挟んで、いつも通り「お生まれはどちらですか？」という質問を皮切りに生い立ちを順に伺った。山口さんの生まれは愛知県で、中学を出た後は実家の仕事を手伝っていたそうだ。

――山口さんのお宅は何を？

建築板金。家の板金張ったりしてた。中学卒業して高校行きたくないもんで、親に高校行きたくないって言ったら、「働け～」って言われて。それでおやじと一緒に仕事した。

——子どもの頃は、どんな風に過ごしてたんですか？

普通ですよー。普通に学校行って。

——周りには高校へ行く人もいましたか？

ほとんど高校行ってたね。でも勉強嫌いだったから、そんだけの理由。

もともとは調理師をめざしていた山口さんだったが、専門学校の学費が出せず進学を諦め、木造板金を専門とする父親の会社で働き始めた。その後、仕事の受注が減ったことで、父親の会社を離れ、山口さんはパチンコ屋の店員を始めた。「パチンコ好きだから。やってみようと思って」と特にこだわりはなかったようだ。

名字を売って、逃げ出して

パチンコ屋で仕事をしながら、両親や弟と同居していた山口さんだったが、パチンコ屋を辞めてからは、アイスクリーム工場へ、そして建設業の仕事へと移った。「人生が狂った」のはその後からだと言う。

一宮で土方やっとったんや。ここからが人生の狂った始まりやねんて。そこの社長が元ヤクザの人やって、大阪の方行くって言うから、ついてったんよ。で、大阪の東組ってヤクザの事務所に出入りするようになって。めちゃくちゃ有名なヤクザですよ。

〜〜〜〜〜〜〜〜

建設業で働いている時のひょんな出会いから、大阪の暴力団の事務所で電話当番などの仕事をするようになったという。すると不意に「で、実は僕、もともと山口って名字じゃないんよ」と山口さんは切り出した。

聞けば、暴力団員の多くは暴力団排除条例の影響で、銀行口座の開設や消費者金融での借金ができない。だから資金不足になると、組は山口さんに借金をさせようとした。しかし山口さんにもすでに借金があり、同じ名字のままでは借金できない状況にあった。そこで若頭から「養子縁組」を持ちかけられた。

若頭は、山口さんを自分の養子にすることで名字を変えさせ、新しい借金を作らせようとしたのだ。借金した金の一部を報酬として受け取ることを条件に、山口さんも渋々その提案を呑んだ。こうして坂本浩紀さんは、山口浩紀さんに名前を変えた。山口さんは、自分の名字を金で売ったことになる。

〜

要するに、名字を変えて借金させようとしたわけ。で、それからもいろいろあって。

ここでは言えんようなこともあって。

——え？

スタンガンあてられたり。

——山口さんは悪いことしてないですよね？

そうだけど、結局、仕事が遅いとか、使えんとかで。イライラされて。最初は殴られたりしとったけど、最終的には手上げるのもめんどくさくなったで、ってことでスタンガンで。

そして山口さんは「僕の鼻って曲がってるんですけど」と自分の鼻を指さした。その鼻はよく見れば誰の目にも分かるほど、真ん中でぐにゃりと曲がっていた。

——ほんとだ……

よーく見ると分かるでしょ、げんこつでやられたんですよ。鼻の骨折れて。一回は手術したんですけど、変にくっついちゃってたらしくて。

そんな状況で身の危険を感じた山口さんは、ヤクザの事務所から飛び出した。飛び出した日は、大みそかだったという。逃げ込んだ警察署で「こういう保護施設に入って仕事探すもよし、次の身の振りかたを考えろ」と言われ、紹介された大阪の施設で過ごした。しかし、連れていかれた施設の環境は期待していたものとは違った。入居者たちは処方されている睡眠薬や鎮痛剤をまともに服薬せず、早朝に施設を出て、外の闇市で転売していた。「こんなとこにおったら人間ダメになる」と思って3週間でそこも飛び出し、日雇いの仕事を続けるうちに、滋賀の警備会社にたどり着いた。その頃に「打ち子募集」の投稿をTwitterで見つけたという。

身寄りがないということ

山口さんへの「聞き書き」は2回に分けて、合わせて3時間に及んだ。ここで紹介していないいくつもの他愛のないエピソードを含め、起承転結のリズムを織り交ぜながら、生まれてから今に至るまでを語ってくれた。それは、山口さんの人生を追体験するような時間だった。

「パチプロ」と聞くと、まるで自分とは人生観や生活感覚が違う人のように思えてしまうが、一つ一つたどっていけば、それは納得のいく選択を重ねた結果にすぎないことも分かった。暴力をふるわれ名字を奪われたヤクザに比べれば、打ち子軍団というコミュニティはよっぽど安全な場所に思えただろう。最後に家族のことも聞いてみた。

――ちなみに、ご両親は？

両親は亡くなってるから。両親も弟も。

ずっと、両親と弟と4人で暮らしていたそうだが、大阪に移った頃には、全員亡くなっていたという。

立て続けに亡くなったから、うちは。両親が亡くなって、弟も亡くなって、一番役立たずが残ったって感じ。

――ご病気とかですか？

母親がくも膜下出血で、弟が癌で、おやじが心筋梗塞。病気だし、しょうがないとは諦めてるけどね。ここ出て落ち着いたら、お墓参りに行こうとは、思っとるけど。

家族が亡くなったエピソードも、パチンコの知識を披露する時と同じようなトーンで淡々と話してくれた。父親が亡くなった後に親戚とも揉めて、それ以降は縁が切れているそうだ。仕事以外で連絡をとる人も、ほとんどいないという。

施設に見学の人が来るたび、救護施設について「住まいなし、身寄りなし、仕事なしのないない尽くしのかたが来るところなんです」と、特に心の波風を立てることなくあっさりと伝えるけれど、「身寄りがない」とは一体どういうことなのだろうか。「身寄りがない」時、人はどんな状況に置かれるのだろうか。山口さんの話を聞きながら、そんなことを改めて考えてしまった。けれど山口さんが家族のことを平気な顔で淡々と語れば語るほど、安易な想像や詮索（せんさく）は失礼な気がして、気づけば自分から他の話題を振ってしまっていた。

入所から約2か月が経とうとする頃、山口さんの退所が決まった。平行線をたどっていた福祉事務所との交渉にも決着がつき、保証人不要のアパートも見つかった。福祉事務所は、アパートに入居後すぐに生活保護を停止するという条件で、その後のことは目をつむると言ってくれたそうだ。山口さん曰く「限りなくブラックに近いグレー」な対応らしい。

山口さんはすでにオーナーにも連絡を済ませていて、退所したその足で、オーナーから指示されたパチンコ屋まで行くつもりだという。退所の直前に、もう一度話を聞いた。

〜〜〜〜〜〜〜〜

——どうでした？　ひのたに園の印象は。

一言で言うと、いい意味で僕のいる場所じゃないね。僕より利用できる人がいる訳やん。僕なんか五体満足してるもんで、足も動いて口も動いて頭も使えて、絶対ここをも

〜っと利用しなきゃいけないって人いるもんね。

他の利用者のことも、山口さんなりに気にかけていたみたいだ。「おじいちゃんになって尽き果てたら、ひのたに園で待ってますよ」と冗談めかして伝えると「そしたらまた遊びに来るわ」と笑っていた。

退所の日、退所を知らせる園内放送を希望する人もいるが、山口さんは希望しなかった。休みの日が続いて、久しぶりに出勤したひのたに園には、山口さんの姿はもうなかった。もうすっかりパチンコ生活に戻っている頃だろう。

人生のリュックを背負い直す

ひのたに園と同じ法人が運営する特別養護老人ホームでは、施設での看取りケアに力を入れている。病院でチューブにつながれた状態で最期を迎えるのではなく、ご家族や普段からケアに携わる職員に見守られながら、住み慣れた場所でその人らしい豊かな最期を過ごしてもらうための取り組みだ。

入所時から、本人や家族からその人の生い立ちを聞き取り、どんな人生を歩んできたの

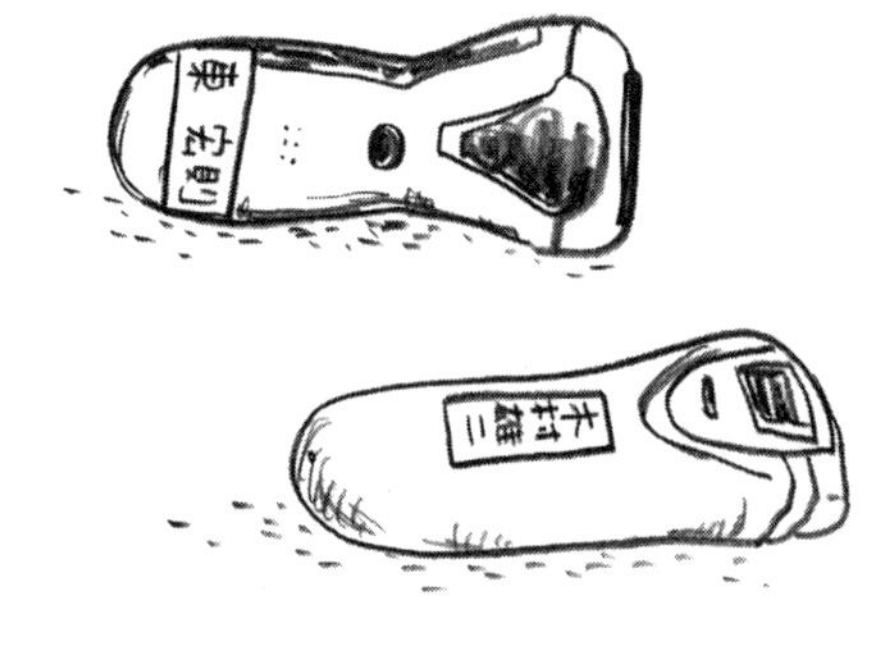

洗面所に並ぶひげそり。所有者の名前のテープが貼ってある。

か、どんな仕事についていたのか、大切にしてきたことは何か、好きなもの、思い出の場所などをまとめ、本人・家族・職員で共有する。そこで出てきたキーワードをもとに日々のケアを行っていく。この施設では、その一連のプロセスを「人生のリュックをひも解く」と呼んでいた。90歳なら90年分の荷物をリュックに詰め込んで背負っている。最期に、重たくなったリュックをおろしてもらい、一緒にチャックを開けて、一つずつ荷解きをさせてもらうということだ。

ひのたに園での聞き書きも、どこかそんなイメージが当てはまる。でも看取りが想定されている特別養護老人ホームと違って、ひのたに園は通過施設だ。多くの人が1年以内に去っていく。ひのたに園を通り過ぎていく人たちは、背中のリュックに詰まった物語の荷物を、ひのたに園で少しだけ荷解きして、僕たちにその一部を共有してくれる。そしてもう一度リュックに詰め込んで、背負い直して町に消えていく。僕らにできることは、リュックをおろせる場所を用意することと、去る前に「また困ったらいつでも」とお節介な気持ちで、背負い直したリュックに御守りを括りつけることくらいだ。

救護施設には様々な課題を抱える人がやって来る。借金、失業、病気、精神疾患、家族との離別。課題の形も様々で、一緒に一つずつ向き合っていく。だからといって、その人の人生を解決する場所ではない。そもそも、その人がそのように生きてきたということは解決すべき課題でもない。リュックの中身を入れ替えたり、なかったことにすることはできない。

山口さんも、ひのたに園に来る前と後で、何かが劇的に解決したわけではない。２か月間の入所を経て、相変わらずのパチプロ生活に戻ったにすぎない。それでも、単なる衣食住の安定以上の何かを２か月の間に受け取ってもらえたと信じたい。

今でも、山口さんが通い詰めていたパチンコ屋の前を車で時々通り過ぎる。ピンク色の派手な看板のパチンコ屋だ。大通り沿いの大きな店舗の横に、たくさんの車が止まっている。何人もの人が自動ドアから出入りし、ドアが開くたびに爆音のＢＧＭが聞こえてくる。車の窓から目を凝らしても一人ひとりの顔はよく見えない。あの中に、山口さんもいるのだろうか。それとも、別の仕事をもう見つけている頃だろうか。いや、もしかしたら、家族のお墓参りに行っているかもしれない。

山口さんを皮切りに始まった、ひのたに園のコロナ対応だが、その後も滋賀県内の感染者数は収まる気配がなかった。園内の感染対策と受け入れ態勢の強化を図るため、近隣のホテルと連携し、隔離場所として客室を使わせてもらうなどの対応策にも取り組み始めた。

山口さんの姿はもうない。代わりに新しく入ってきた利用者の対応でみんないっぱいいっぱいだ。山口さんのいないひのたに園で、いつもの日常が始まった。

コラム#6

厚労省がやって来る!

救護施設は全国に186か所ある。

ざっくり割り算すれば一つの都道府県に、4、5か所という感じだろうか。実際、滋賀県内にも5か所ある。

そんな全国の救護施設を所管しているのは厚生労働省だ。救護施設は生活保護法に基づいた施設なので、「保護課」の担当となる。保護課は、200万人以上の受給者が控える生活保護制度の適正運用を担うという責任と緊張感のある部署だ。

全国の救護施設の入所者は2万人弱だから、全生活保護受給者のうちの1%にも満たないこともあり、議論の優先順位がすごく高いわけではない。制度の枠組みも50年以上大きく変わっていないこともあり、ある意味では「忘れられた施設」だった。

しかしこの数年は、救護施設の今後の在りかたを検討するため、厚生労働省の担当課長が課の職員を数名連れてひのたに園に視察に来てくれている。

厚生労働省の一行が訪れたら、まずは園内を案内し、会議室でひのたに園の状況や日々の様子をスライドで説明し、施設運営における課題なども伝える。その結果を厚生労働省に持ち帰ってもらい、全国の救護施設の状況なども踏まえながら、制度の改善点を議論してもらうことが狙いだ。

これまでも、特定の資格を持った職員を配置することで施設の収入に加算を付けるなど、救護施設の機能を強化するためのいくつかの制度改正はあった。コロナ禍になり、入所者の一時的な受け皿として近隣のホテルと提携することを認めてくれたのも、当時の担当者による迅速な判断のおかげだ。

また、救護施設は場所によってかなり施設の雰囲気が違うことも特徴的だ。全国救護施設協議会という団体の調査によれば、全国の救護施設の年間の入退所者の回転率は平均約18%、つまり定員100名であれば1年間に18名が入退所する計算だ。だから、定員100名で毎年約60人が入退所するひのたに園は、全国的にも回転率が高かったりもする。けれど、大阪には年間の回転率が20%を超える救護施設もあるというから驚きだ。そういう施設は、仕事を失った人が一時的に避難してくる場所という側面が強いのかもしれない。

いくつかの救護施設を視察したという厚生労働省の担当者は、ひのたに園の見学を終えて、「ひのたに園は、今まで見たどこよりも利用者像の幅が広いですねぇ」と感想を漏らしていた。要するにいろいろなバックグラウンドの人がいて、「ごちゃまぜ」度が高いということだ。他の施設をあまり見たことがないから細かくは分からないが、妙に納得してしまう。

エピソード

7

「シヤクショハ、ドーロボウ」

日本国籍のないミゲルさん

パジェロ工場、閉鎖

「三菱自動車　パジェロ製造工場、生産停止の方針」

ある日、自宅のトイレでスマホをいじっていたら、NHKのWEB版のニュース記事が目に入った。

そういえば、ひのたに園で暮らすブラジル人の島田サムエルさんが、日本に来てしばらく働いていたのは岐阜のパジェロ工場じゃなかったか。入所時の聞き取り記録を思い出した。

三菱パジェロと言えば、僕の世代ではTV番組「関口宏の東京フレンドパークⅡ」を通じて誰もが昔から知る車だ。番組終盤、視聴者プレゼントを決めるダーツの1等がパジェロ。回転するボードに向かって、ゲストがダーツの矢を構える時の「パージェーロ！　パージェーロ！」という観客の掛け声が耳に残っている。

翌日サムエルさんにスマホの記事を見せると、「そうそう、ここ。わたし働いてたとこだ！　もう、つくるのやめるんだねぇ」とあっさり判明した。

サムエルさんは日本に来て28年目。１９００年代前半にブラジルに渡った日本人の両親の間に生まれた、「日系ブラジル人二世」にあたる。公用語がポルトガル語のブラジルで生まれ育ったが、両親の影響で日本語も話せた。71歳でひのたに園にやって来たサムエルさんだったが、人が良くて屈託なく笑うおじいちゃんで、話すと気持ちが和らぐ利用者の一人だった。

滋賀県に住むブラジル人は約９０００人。県内の外国人の中で最も多い。その中には、サムエルさんと同じく20〜30年前に出稼ぎのため来日し、工場勤務を続けてきた人たちも多い。中には職が途絶えたり高齢化して、生活保護を頼る人も少なくないから、最近はひのたに園にも常に数名のブラジル人利用者が暮らしているような状態だ。

彼らは、どんな人生を送ってきたのか。どんな気持ちで日本に来たのか。ブラジルの家族との関係は今どうなっているのか。

パジェロ工場のニュースを見てから、ふとそんな疑問が湧いてきた。そこでサムエルさんへの聞き書きをお願いしてみると、快く了承してくれた。６人兄弟の長男としてブラジルのイタペセリーカという町に生まれたサムエルさんは、中学を卒業してから、実家の農業を手伝っていたそうだ。

――中学卒業してからは何をしてたんですか？

畑、野菜植えたり。野菜はいろいろ。トマトとか、キャベツ、ジャガイモ、日本人好きな野菜ね。

〰〰〰〰〰

早くに母を失い、父も精神疾患とアルコール依存症を患っていたサムエルさんは、若くして一家の農業収入を支えていたが、24歳の時に結婚を機に家を出た。都市部に引っ越して会社勤めを続けたが、42歳の時に日本行きを決めた。

翻弄されながらも残り続けた日本

飛行機に乗ること30時間。「家買う夢を見て、日本に来た」サムエルさんが降り立ったのは名古屋空港だった。

空港で待っていた担当者に案内されたパジェロ工場では、荷物を運ぶ仕事を任され、最初は足がパンパンに腫れたそうだ。３年後にはフォークリフトの免許を取って、１日中リフトを運転した。

「月に40万もらったこともある」「３日寝ないこともあった」そう語るくらいに働きまく

って稼ぎまくって、そのほとんどをブラジルの家族に送った結果、ついに念願の一軒家が建った。しかしその時、突然妻から電話越しに別れを告げられた。

日本に来て8年くらい経った頃かなぁ。「帰らないなら帰ってこなくていい！」って言われて。それからはお金送ってない！

――どうしてそんな急に喧嘩しちゃったんですか？

別の恋人ができたのかもしれないね……家族の電話番号を書いた紙もなくしちゃった。だから電話番号も、家の住所も分からない。……私ももう疲れてた。ブラジルに帰っても家族と別れて自分で仕事やろうかなと思ってたよ。

サムエルさんは懐かしむように笑いながら当時を振り返っていた。当時の岐阜県にはブラジル人がたくさんいたそうだが、日本人が多い部署に配属されれば、仕事の中で自然と日本語にも慣れたという。

パジェロ工場での仕事を辞めたのは、「クビになったから」。2003年頃、ブラジル人がみんなクビになったという。みんなハローワークへ行ったり、別の仕事へと移っていった。

サムエルさんが訪日した1990年代。「出入国管理及び難民認定法」の改正（1990

年）に伴って、「日系二世」までの海外日系人とその配偶者や、その子どもである「日系三世」の在留資格が認められ、日本での就労をめざす移住者が激増した。いわゆる「出稼ぎ」だ。背景には、バブル好景気の中で、多くの働き手をもとめた各地の生産現場の存在があり、当時一世を風靡（ふうび）したパジェロの工場も例外ではなかった。そして最終的には20万人以上のブラジル人が日本へと流れ込んだ。この時代の工場生産や経済循環の一部は、外国人が支えていたとも言える。

しかし好景気は続かなかった。2008年に訪れたリーマンショックによる景気低迷の際には、多くのブラジル人が製造現場を解雇された。2009年に政府は「日系人帰国支援事業」を実施した。日本で職を失い、生活の再建を諦めた南米日系人に、一人30万円を支給して帰国を支援したのだ。失業者が溢（あふ）れるのを怖れる気持ちは分かるが、なんとも大胆なやりかただ。結果として、1年間のうちに、全国から2万人以上のブラジル人が支援金を手にしてブラジルへと帰国した。

好景気になれば、在留資格の拡大とともに労働力として歓迎され、景気が落ち込めば、「手切れ金」を条件に帰国が促される。サムエルさんも、30年近くの間、そういった状況に翻弄されながら生きてきた一人だった。そしてサムエルさんと同様、結果として今も日本に残り続けたブラジル人ももちろんいる。その多くが高齢化し、失職して困窮する状況も生まれているのだろう。

パジェロ工場をクビになったあとも、派遣会社の指示で職場を転々と変えていたサムエルさんの最後の職場は、滋賀県内の弁当屋だった。しかし70歳になった頃、「年よりはダメ」と解雇された。他の仕事も「外国人はダメ」と断られ、1か月間、残ったお金でマンガ喫茶やスーパー銭湯を渡り歩いたのち、市役所支所を訪ねて生活保護を申請し、ひのたに園へとやって来た。

サムエルさんは高齢だが、足腰もしっかりしていて、細かい作業も得意なので、平日は作業班に所属して、中心メンバーとして動いている。

Google翻訳のつながれなさ

サムエルさんは日本語を話せたが、他にもいるブラジル人利用者の中には、日本語が全く話せない人もいる。山中ミゲルさんがその一人だった。僕が担当もすることになったミゲルさんは、強烈に印象に残っている一人だ。

ミゲルさんは22年前に日本にやって来た。出稼ぎ目的で来日し、家族をブラジルに残してきていた。来日後はサムエルさんと同じく製造現場などで働いてきた。しかし職が途絶え、しばらく友人宅で過ごしていたが、友人宅に居続けることができなくなり、ひのたに園にやって来た。

ミゲルさんは日本語がほとんど話せない。話せても「アリガト」とか「ワタシ、ゴハン、イラナイ」とか「ミヨダ、イマスカ?」くらい。担当と聞かされた時、「御代田さんならポルトガル語もすぐ覚えられるんちゃうの?」と園長から冗談で言われたこともあり、「ボンジーア（こんにちは）」などの最低限の挨拶はネットで調べて覚えた。でもそれでコミュニケーションが成立するはずもなく、日々のやり取りはスマホのGoogle翻訳を駆使して、なんとか成立させていた。

「何か困ったことはありませんか?」

そうスマホに打ち込んで、ポルトガル語に翻訳する。きちんと翻訳されているかは分からないが、表示されたポルトガル語の

文字列を、読み上げ機能で音にして伝える。なんとか伝わったようだ。

「アー、ヨル、サムイネ」

と返事があれば、「ブランケットを一枚持ってきます」とまた翻訳で伝える。「コシ、イタイ」と言われれば、マットレスを買ってくる約束をする。そんな感じだ。日本語が話せるサムエルさんが来てからは、サムエルさんに簡単な通訳をお願いすることもあったが、ミゲルさんとのやり取りは常に通訳や翻訳に頼るしかない。そんな状況では「聞き書き」なんて夢のまた夢だった。

救護施設の日常の中で、利用者と関係を築いていくうえでは、会話の中で語られた言葉そのものよりも、その表情や口調、言いよどみや迷い、言葉選びの癖みたいなものを拾い集めながら、徐々に親しみや関心を抱けるようになっていくような感覚があった。そして相手に興味を持って接すれば、いつしか相手も僕に関心を持ってくれる。その繰り返しの中で、二人だけの関係性ができ上がっていく。そんな風に利用者との距離の詰めかたを覚えていたところだったが、ミゲルさんとの会話では、そういったコミュニケーションの余白が一切捨象されてしまっていた。

まるでアクリル板越しの一問一答の「取り調べ」を延々と続けているようで、いつまでたっても基本的な関係性が築けていないような、つながれていないような感覚が残ったが、「担当になったからには、出勤した日は何でもいいから一度は会話をしよう」と心がけて過ごした。

「シヤクショ、ドーロボウ!」

そんなミゲルさんは、糖尿病があって視力も低下していた。もう一度仕事につくのは難しく、ブラジルに帰るのが目標だった。ただ生活保護費からは航空券の補助が出ず、施設から支給される毎月7500円のお金を貯金に回すしか手はなく、長期戦が予想されたが、ある日、ブラジルに住む息子さんから手紙が届いた。

「お父さん、元気にしている? みんな、ブラジルでお父さんのことを待っているよ。お金を送るからそれで航空券を買って、ブラジルに帰ってきて」

お金はすぐに送られた。その額、25万円。ブラジルへの渡航費には十分すぎる額だ。

「こんなことがあるんですね。いい家族だなぁ」とひのたに園の職員も歓喜に沸いた。家族からの経済的援助はほぼ期待できないケースが多い中では、なかなか新鮮な出来事だったのだ。すぐに市役所にいるポルトガル語通訳者が来園し、早速ミゲルさんに状況を伝えた。しかし、ミゲルさんからは予想もしない反応が返ってきた。

――息子さんから手紙とお金が届きましたよ。25万円。これで帰れますね。

25万円？ そうか、じゃあすぐ私に渡して。それを持ってここを出ていくよ。

――でも、チケットのためのお金ですよね。パスポートの手続きや航空券の手配が整うまで、預かっててもいいですか？

いや、いますぐ私にちょうだい。あとは自分でやるから。

――でもミゲルさん、日本語も話せないのにどうやって手続きするんですか。

そんなのは俺の勝手だ。俺の金なんだから早く渡してくれ！

〜〜〜〜〜〜〜〜〜〜〜〜〜〜〜〜〜〜〜〜〜〜

実際のやり取りはポルトガル語で、これはあくまでその場にいた職員から聞いた話を元に想像したやり取りだが、ミゲルさんはとにかくお金を渡すよう要求したようだ。それまでは落ち着いて過ごしていたが、25万円という大金を前に「こんな施設出て自由に暮らしてやる」と衝動が湧き上がったのかもしれない。

「自分で航空券を買う」と引き下がらないミゲルさんだったが、言われた通りに渡す訳にもいかず、結局お金は市役所で預かることになった。ただミゲルさんは納得しておらず、事あるごとに「シヤクショ、ドーロボウ」と語気を強めて、僕に不満をこぼすようになった。しかしお金がミゲルさんの手に渡れば事態は余計にこじれるだろうと思っていたのは僕も他の職員も同じで、「帰国の手続きが進んでいるか聞いてみますね」とごまかすのが精いっぱいだった。

宿直明けの攻防

ある日の昼食時、園内にミゲルさんの姿がなかった。外出届の「行先」の欄を見ると、9時過ぎに、いつものように縮れた文字で「サンポ」と書いてあった。しかし、散歩にしては長すぎる。嫌な予感が頭をかすめながらも、ひとまず帰りを待っていると、市役所から電話が鳴った。恐る恐る電話をとると、ミゲルさんが自転車で市役所まで来ているという。「お金を返してほしい」とひのたに園の職員に何度言っても動きがないから、市役所に直接訴えに行っていたのだった。

市役所へは車で20分はかかる。標識が読めないほど視力が悪いはずなのに、どうやってたどり着いたのか。入所時の資料には「自転車には乗れない」とあったのに。衝動にかられた人の底力は凄まじい。

結局、窓口の職員に説得されて、市役所の車に乗って帰ってきたミゲルさんだったが、やっぱり納得はしていなかった。そこに、新型コロナウイルスの感染拡大がぶつかった。ブラジルでも感染が急拡大しているというニュースも届き、当面帰国は難しい状況になってしまった。先の見えない状況の中で、お金のことにはあまり触れないようにして過ごすようになった。

そんなある日、宿直勤務を終えた僕は、すでに勤務時間は終わっていたが、ミゲルさんと一言喋ってから帰ろうと、いつものようにサムエルさんに通訳をお願いして、談話室の片隅に座ってもらった。その時、何の用事でミゲルさんを呼んだのかはっきりとは覚えていないが、数分で終わる話題のはずだった。しかし話しているうちに話題がそれ、「25万円」の話になった。

「またその話か……」

そんなため息が内心漏れたが、宿直明けの疲れから、早く帰って眠りにつきたい気持ちもあり、「今日のところは上手く場を収めよう」と冷静さを保った。しかし、そんな僕の想いをよそに、ミゲルさんは段々と興奮してきた。

「シヤクショ、ドーロボウ！」

「ベンゴシ、トモダチ、イル」

友だちの弁護士に相談するということか、また無茶な話を。その「トモダチ」は彦根にいるという。日野から彦根なんて、車で行っても1時間はかかる。そこにポルトガル語の分かる弁護士がいるのだろうか。そんなことをボーッとした頭で考えていると、ミゲルさんは立ち上がって、黙って部屋の方にすたすたと帰ってしまった。「機嫌を悪くさせちゃったな……」と反省しつつ、次の出勤日にまた出直そうと気持ちを切り替えて、帰るために宿直室で着替えていたら、ミゲルさんを呼び止める職員の声がした。

「ちょっとー、ミゲルさん、どこ行かはるの~?」

「ベンゴシ、トモダチ。シヤクショ、ドーロボウ!」

慌てて着替えを中断して、宿直室を出てみると、ミゲルさんは玄関を出たところで自転車に乗ろうとしていた。部屋に戻ったのは、自転車のカギを取りに行くためだったのか。車で1時間かかる場所に、今から自転車で行くつもりか。

「ミゲルさん、気持ちは分かるけど、道に迷ったら危ないで!」

「今は落ち着いて、また今度市役所の人が来たら相談しませんか?」

ミゲルさんを呼び止めた先輩職員と二人で必死に説得したが、ミゲルさんは頑なだった。小太りのおじちゃんが手で押す自転車を、若い職員二人で必死に正面から止めようとする。なんとも滑稽な絵面だが、現場は緊迫していた。しかし意志を固めた相手に説得は無駄で、制止を振り切ったミゲルさんは自転車にまたがって、ピューーッと坂を下りていってしまった。

「ああ、行っちゃいましたね……」

「いやあれはしゃあないわ、止められへんわ……。どこへ行くつもりなんやろなぁ」

「さっき友だちの弁護士が彦根にいる、って言ってたので、そこかもしれません……」

先輩職員と二人で慰めあって、簡単な記録だけパソコンに打って帰った。こんなことなら、話なんかせずにそのまま帰るんだった。余計なことをした。自分を恨みながらアパートへ帰った。

3日後にまた出勤してみると、ミゲルさんは園にいた。3日前とは打って変わって、落ち着いた様子だった。経緯を聞けば、公園で1泊してから友だちのところへたどり着いたものの、その友だちに今すぐにはどうにもならないと説得され、市役所経由で園へと車で送ってくれたのだという。いち段落してよかった、と胸をなでおろすと同時に、ミゲルさんが野宿し何時間も自転車をこいだ事実にもはや驚かなくなっている自分がいた。

パラレルワールドとの邂逅(かいこう)

ミゲルさんは様々な持病もあり、毎日2回の職員付き添いの血圧測定や、白内障の治療を続けたが、目に見える症状の回復はなかった。受診先の病院では治療方針をめぐりミゲルさんとドクターが口論になって、「施設でちゃんと説明してから連れて来てください」と付き添ったひのたに園の看護師がドクターに説教されることもあった。

そんな先の見えない状況で、トラブルばかりが続いて、「支援している」とはとても感じられない日々だった。ミゲルさんと顔を合わせるたび、無力感が芽生えた。担当支援員なのに、何もできていない。ミゲルさんの生活は、何も前に進んでいなかった。新型コロナウイルスの感染も収まらず、進展のないまま時間だけが過ぎていった。

ミゲルさんはすでに日本に20年以上住んでいるが、日本語がほとんど話せない。暮らしの場でも働く場でもブラジル人に囲まれていて、日常生活は全てポルトガル語で済んだのだ。そういうブラジル人は多いと聞く。役所などで手続きをする時も、日本語の話せる友人に協力してもらえば、わざわざ自分で日本語を覚える必要には迫られないのだろう。

しかしよく考えてみると、20年以上、日本にいながら、日本人と直接的なコミュニケーションをほとんどとってこなかったということになる。なんだか不思議なことだ。

調べてみると、そういったブラジル人の集住地域が県内にいくつかあることが分かった。派遣会社によってあてがわれた団地内の寮に暮らすブラジル人の多くは長時間の工場勤めのために、日中、近隣住民と顔を合わせることがないうえに、派遣先が変われば寮の場所も変わる。そんな事情が重なり、同じ地域でありながら、時間的にも空間的にも地域社会から透明な壁で隔てられた「パラレルワールド」のような場所になっていることも分かった。

ミゲルさんは、そんな言葉も文化も全く通じないパラレルワールドからやって来た人だった。

何か支援の成果を残さないと、一歩でもミゲルさんの生活を前に進めないと、ブラジルへの帰国を実現しないと。そんな「こちらの世界」の理屈に基づいた、支援員としての焦りは空回りするばかりで、少し前に進んだと思っても、トラブルが起きて振り出しに戻ることの繰り返し。いやそもそも「前に進んだ」と思っていたのは僕だけで、「あちらの世界」からやって来たミゲルさんにとっては何も進んでいなかったのだと気づいてため息をつく日々。

目の前にいるのに、何度も会話を重ねているのに、つながれていない。その「出会えなさ」に途方に暮れていた。

きちんとした通訳が施設にいれば、トラブルが起きた時だけでなく日常の些細な相談ごとやこれまでの生い立ちなどもゆっくり話せる時間があれば、違ったのかもしれない。「あちらの世界」をもっと丁寧に理解できたのかもしれないし、「こちらの世界」の理屈を伝える機会もあったのかもしれない。でも、行き詰まった状況を打開するだけの余裕は当時の僕にはなかった。

アリガト、ゴメン

それから4か月、事態は突然動いた。ミゲルさんの帰国が決まったのだ。息子さんの連絡を受けたブラジル総領事館が間に入って動いてくれたことが大きなきっかけとなった。新型コロナウイルスの感染は完全には収束していなかったが、飛行機も一応飛んでいるそうだ。

その後はパスポートの更新、航空券の購入、出国日の段取りと、あれよあれよという間に帰国に向けた準備は進んだ。病院からの紹介状も、ブラジルで使えるように英訳して持ち帰ってもらった。帰国の便も手配できた。あとは出発を待つのみだ。

ミゲルさんの帰国日。ブラジルへは、関西国際空港からドバイ経由で向かう便だ。

当日は出勤日ではなかったが、「ブラジルで元気に暮らしてください」と一言伝えに行った。「アリガト、ヨカッタ」とミゲルさんは微笑(ほほえ)んでいた。「いやあ、本当によかったです」と心からの言葉を伝え、目が悪くポルトガル語しか話せないミゲルさんが、ドバイの空港で無事に乗り継げるか一抹の不安を抱えつつ、送り出した。

実は、ミゲルさんに先を越されたサムエルさんも、その後日本にいる親戚と連絡がとれた。

ブラジル総領事館のアドバイスのもと、ブラジル人がよく使っているというSNSで親戚の名前を検索したら、あっという間にビデオ通話が実現した。そんな手があったのか。電話番号を書いた紙をなくしても、どうにかなる時代なのだ。そして早速、親戚の力を借りながら、帰国に向けた準備が始まった。人の暮らしをサポートする時には頭を柔らかくして臨まないといけないと再認識させられる。

サムエルさんとミゲルさんは無事、親戚からのサポートのもと帰国へとつながったが、二人のように上手くいくケースばかりではないようだ。

高齢化して職を失い、生活保護を受けて、月に一度支給される数万円の生活保護費で、どこかのアパートや団地の一室で、一人ひっそりと暮らしているブラジル人も少なからずいる。また、二人は家族をブラジルに残してきたが、日本で家族を作り、子どもを授かったブラジル人だっている。日本に生まれながら、日本語を話せない両親の下で育つ子どもたちの存在も無視できない。二人の背後には、様々な事情を抱える人たちが控えているのだ。

また最近ではコンビニや居酒屋で、多くの外国人が働いているのを目にする。彼らの多くは、比較的日本語が話せる留学生なのだという。でも僕がすることといえば、コンビニでコーヒーを買う時、居酒屋でビールを頼む時、名札に書かれた名前を一瞥(いちべつ)して「どこの国の人だろう?」と考えるくらい。個人的な関係を結ぶのは想像しにくい。

そして日本語が苦手な留学生や技能実習生の場合は、深夜の弁当工場や運送業者で働いているそうだ。そうなるともう、僕たちはすれ違うことすらない。

そんな風に考えていくと、少し気が遠くなる。彼らの中にも、これから救護施設へたどり着く人がいるかもしれない。でも本当は、救護施設よりもっと手前で、僕たちは出会わないといけない。

ミゲルさんが発(た)ってから3日後。ブラジル総領事館から「無事に家族と合流し、息子さん宅でくつろいでいるようです」とメールがあった。よかった、無事についたようだ。

ミゲルさんを見送ったあの日。ミゲルさんは僕の肩にポンと手を置いて、「ゴメン」と照れながら呟いた。その言葉の真意は分からなかったが、あの時、ミゲルさんとやっと少しだけつながれた気がした。

そんなミゲルさんも今頃ブラジルの自宅に帰り、クーラーの効いた部屋の中、ソファでごろんと横になって、25年ぶりに会う家族に日本の思い出話でもしているだろうか。ついこの前、無謀な自転車移動の最中、公園で野宿していたのに。そう考えると、なんだかおかしくなってしまう。

コラム#7

ボストンのホームレス支援

先日、アメリカ東海岸・ボストンを訪れる機会があった。目的は、現地のホームレス支援の視察だ。ボストンと言えば、学問やカルチャーの豊かな街として知られるが、他のアメリカの都市と同様、ホームレスの数は少なくない。市内を50メートル歩けば、3人はホームレスを目にするような状況だ。

最も印象的だったのは、定員250名の「パインストリート・イン」というボストン最大規模のシェルター。所長さんに案内され、ロビーでくつろぐ入居者を横目に手荷物検査を通って中へ。男性用シェルターの2階にある居住スペースに入ってまず驚いたのは、そのベッドの密度。まるで被災地の避難所の体育館に並べられたベッドのように、広いフロアに1メートル間隔で、ベッドがびっしりと並んでいる。

しかし入居者の姿はなく、荷物なども見当たらない。訳を尋ねると、入居希望者は毎日夕方に申請し、渡された番号のベッドで夜を過ごし、朝には荷物をまとめて居住スペースを出る、という仕組みだという。10〜16時は居住スペースの清掃のため、入居者たちは外出したり、共用スペースでのんびりしているそうだ。てっきり、ひのたに園と同じように、自分の部屋と自分のベッドがあるものだと思い込んでいたが違った。

ボストン市内には他にも、大小

様々なシェルターがある。ここの入居者の平均滞在期間は1〜2か月だが、複数のシェルターを渡り歩く中で1日だけ利用する人もいれば、10年間ずっとここで暮らしている人もいるらしい。そんな男性用シェルターの夜間の職員配置は12人。しかも驚いたのが、コロナ禍以前の定員は、倍の500人。ベッドが全て2段ベッドだったという。恐ろしい人口密度だ。こんな人数なので、トラブルを避けるためにも、スタッフとゲストはなるべくドライな関係を保っているとも。

ここに来ると、ひのたに園での担当制に基づいたきめ細やかな関係づくりや、二人部屋の個室化といった地道な生活環境の改善が、少し呑気(のんき)にも思えてしまう。国や社会のカタチが違えば、支援者にとっての〝当たり前〟がこうも変わるのか、と考えさせられる。

一方で、無料Wi-Fiは全館完備、ドクターや依存症治療の専門家も複数人雇用している。他にも、専用車両による24時間の見回りやアパート確保に向けた支援も、総勢125人のスタッフ体制で提供しているそう。必要なものは徹底的に用意したうえで、シンプルかつ大規模にアプローチするやりかたはアメリカらしい。

最後に「こんな人口密度で喧嘩とか起きないんですか？」と所長さんに恐る恐る聞いてみると「そんなの日常茶飯事だ！　すぐに仲裁して、場合によってはポリスを呼ぶことだってある」と笑っていた。

支援のスタイルは違えども、悩みながら毎日を営んでいるという点は、どの国の支援者も同じかもしれない。

エピソード

8

「おとこのこ！やくばのひとがなまえつけてくれはった！」

入所番号7番のヤス江さん

「きゅ〜ちゃんヒコウキ♪　ひばりはガン!!」

「歩こう会行きますよ〜」

毎朝9時半が近づくと、「歩こう会」への声かけが始まる。朝食休憩を終えた早出の職員が居住棟や食堂を回り、いつもの参加メンバーに声をかけていく。

「歩こう会」とはその名の通り「歩く」ことが目的の朝の会だ。リハビリ中の人などが歩行機能を維持／向上させるための毎朝の訓練、ということになってはいるが、実質的には朝の室内散歩。歩ける人のための会ではあるが、せっかくなので、自力では歩くことが難しい車いすの人も参加する。行事や集会などで使っている交流センターというホールが会場。

15〜20人ほどの利用者と職員二人で、ホールに備え付けのスピーカーで昭和歌謡を流しながら20分ほど、ただただ、ぐるぐる円を描きながらホールを歩く。途中で座りだしてしまう人や、最初からイスに座って他の人が歩くのを円の外から眺めているだけの人もいる

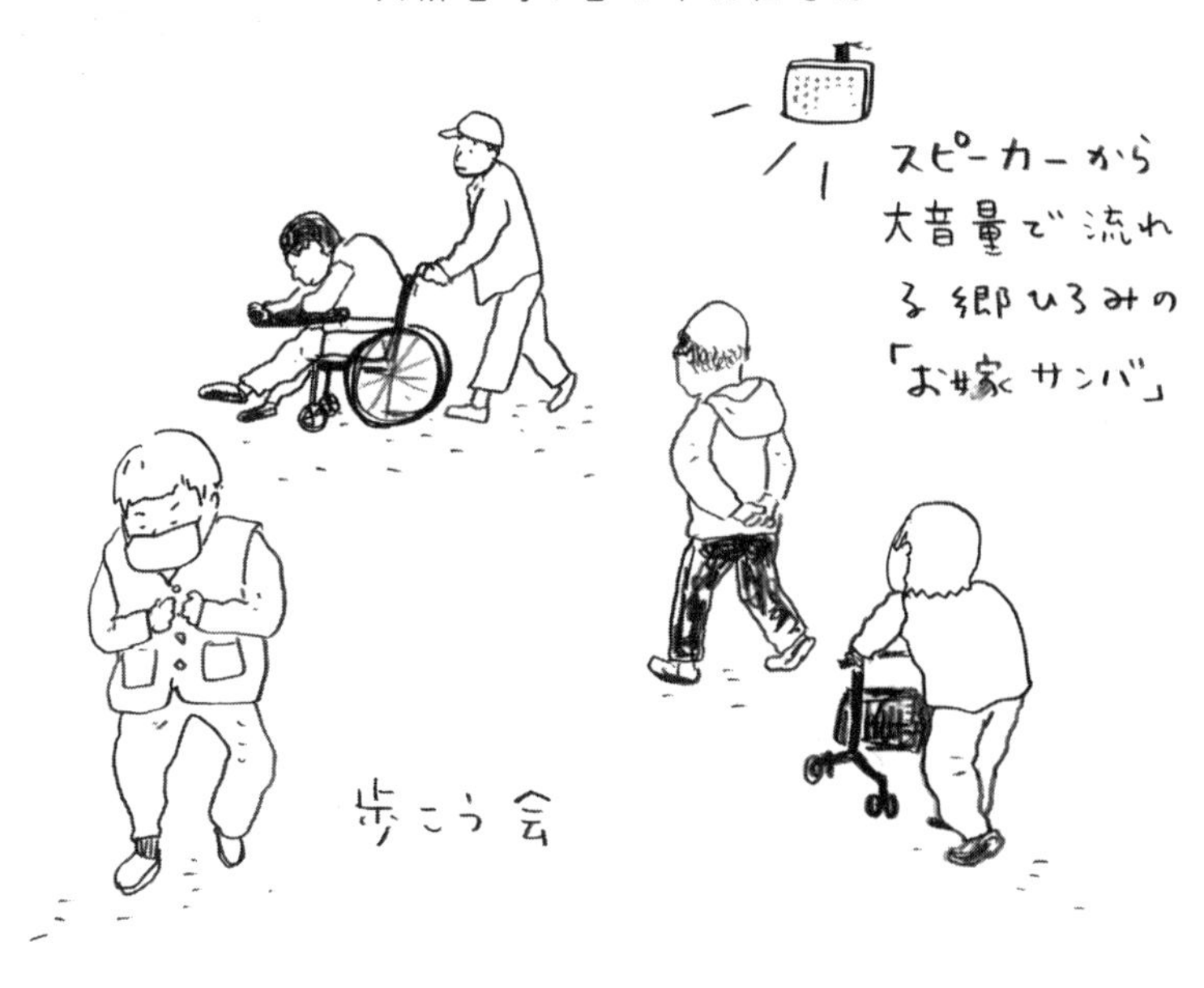

ような、ほのぼのとした時間。

僕は手引き歩行が必要な光郎さんの両手を持って、向かい合わせになりながら、一緒に歩く。高橋光郎さんは、初めてひのたに園を見学した時に、ガラス越しに叫んでいたあのおじいちゃんだ。

光郎さんは知的障害があって言葉は喋れないが、人の好き嫌いが極端で、特定の嫌いな人の顔が視界に入るだけで「ぎゃーーーー！」と園内を切り裂くような大声で叫ぶ。何を以て好き嫌いを判断しているのかは今ひとつ分からないが、就職してからは幸い僕も好きな人の枠に入れてもらえたみたいだった。両手を握りながら歩いていると「あーはは！　ふっふ！」と鼻を震わせながら笑顔でいてくれる。

歩くスピードは人それぞれだから抜かし

たり抜かされたりしながら、僕もぼんやりした頭でぐるぐると回り続ける。すると、節子さんが横を通った。相変わらず元気にすたすたと歩いている。よく見ると、手を動かしながら大きな声で何かぶつぶつと呟いている。

「節子さん、おはようございまーす！」

節子さんの気を引こうと大きめの声で挨拶をする。

「あ？」

僕に気づいた節子さんはこっちを見て「おーはーよう！　おはよう！」と大声で返してくれる。

「あんな！」

そう言って、ちょっと見てくれとばかりに節子さんは続けた。

「きゅ〜ちゃんヒコウキ♪　ひばりはガン!!」

右手をピーンと胸の前に突き出して、飛行機の墜落を表すように手首を下向きに直角に折り曲げ「きゅ〜ちゃんヒコウキ♪」、次はその手で左胸をポンと叩いて「ひばりはガン!!」。

少しして意味が分かった。坂本九が飛行機の墜落事故で亡くなり、美空ひばりが癌で亡くなった、と言っていたのだ。歌が大好きで、今年73歳になる節子さんは、坂本九と美空ひばりという大好きな二人がこの世から姿を消した理由を、自分なりにそのリズムに刻んでいた。

「きゅ〜ちゃんヒコウキ♪　ひばりはガン‼　ひばりはガン‼」

昭和の2大スターの死因がリズムに乗って、リズミカルな動きとともに大声でテンポよく繰り返される姿に、思わず笑みがこぼれる。僕もその場で真似してみせた。その後も、節子さんと廊下ですれ違うと時々、「きゅ〜ちゃんヒコウキ♪　ひばりはガン‼」と二人で見せ合いながら遊ぶこともあった。

節子さんは、いつも周りに温かい空気を作り出す、ひのたに園のアイドルのような女性だった。隔週で日曜の午後に行っていた「カラオケの日」では、職員が家庭用のカラオケマシンを食堂のテレビにつなげ終わると、真っ先に森昌子の「せんせい」をリクエストする。

「あーわい、はつこい、きえたひは〜‼　あーめが、しとしと、ふっていた〜‼」

曲が流れ始めると待ってましたとばかりに大声で歌い始める。その歌声につられて、「あ、今日はカラオケの日だったか」と気づいた他の利用者がぽつりぽつりと食堂に集まってくる。節子さんは歌詞を完璧に覚えた「せんせい」を、流れるメロディーも画面に表示される歌詞も置いてけぼりにして、1・5倍速で歌いきるから、最後に必ず1分ほど余ってしまう。「せっちゃんは歌うのが早すぎるんだよ〜」とおじさんたちに突っ込まれながら、みんなを和ませるのがいつものオチだった。

50年暮らし続けるかたたち

ひのたに園には、開設当初から暮らしている利用者もいるが、光郎さんや節子さんがまさにそうだ。

節子さんは1970年代にひのたに園にやって来て、40年以上ここで暮らしているから、1985年の坂本九の衝撃的な事故死も、1989年の美空ひばりの訃報も、節子さんはひのたに園の中で知ったことになる。どれも、僕が生まれる前の出来事だ。

ひのたに園の在籍利用者約100名を、在籍年数別に分類してグラフを作ると、面白いことが分かる。

最も多いのは「1年未満」。ここに約30人がいて、「1年以上3年未満」も併せると園内の半数以上を占める。そして「3年以上5年未満」「5年以上10年未満」はそれぞれ10人程度。年数が増えていくと徐々に減っていき「30年以上35年未満」にはぽっかりと穴が空くのだが、「40年以上」には10人以上がいて、急に盛り上がる。この「40年以上」にあたる人たちが、光郎さんや節子さんということになる。

その中でも、現在の利用者の中で最も長い期間を過ごしている女性がいる。植山ヤス江さんだ。開設直後にここにやって来た。在籍年数は50年になる。

22歳の時に入所しているから、今は70代前半だ。腰はすっかり曲がっているものの、「在籍50年」という重みのある響きとは裏腹に、身体はピンピンしている。新しい職員が入った時には、その職員のところに行って「このひとなんちゅーなまえ⁉」と大きな声で尋ねるのがヤス江さんの恒例行事。話しかけている当の相手に対しても「あなた」のような二人称ではなく、「この人」と呼んでくることに最初はびっくりしたが、それにもすぐ慣れた。名前を覚えてくれてからは時々「このひとみよださん‼」と僕を指さして甲高い声で話しかけてくれる、人懐っこい女性だ。

そんな日々の他愛のない会話の中では、50年という年月を忘れそうになるが、改めて考えると、とても長い時間だ。だって50年間、ここで暮らしているのだ。

ヤス江さんがここにやって来た50年前。1970年6月1日にひのたに園は「救護施設」としての産声をあげた。その時、どんな風にしてこの施設はスタートしたのか。どんなかたが、どんな事情で、ここにやって来たのか。

そんなことが気になり始めた頃、2020年にちょうど開設50年を迎えたこともあり、「ひのたに園の半世紀を振り返りながら、今のひのたに園をいろんな角度で切り取った、50周年記念誌を作ろう」という話が持ち上がった。ちょうど面白いタイミングにめぐり合えたと思い、編集担当に手を挙げた。これまで10周年、20周年には記念誌を作っていたが、それ以降は特に作られておらず、施設としても30年ぶりの記念誌ということになる。

やはり開設当初のことはこれを機にちゃんと記録しておきたいと思い、記念誌の冒頭企画として、開設当初ひのたに園で勤務されていた4名のかたをひのたに園に招き、「開設当時のひのたに園を語る」という座談会を実施した。すでに仕事は引退してゆっくり過ごされている方々だったが、「お世話になった施設ですから」と快く引き受けてくださった。

「障害のある人は家族の一人に数えへん」

今ではひらがな表記の「ひのたに園」は開設当時「日野渓園（ひのだにえん）」だった。コンクリートで舗装されている園へと続く坂道も、土でぬかるんでいたという。

私は5月に初めて来ました。園までの坂道がすごくぬかるんでいたのを覚えています。柔らかい地面で、膝までスポッと入って、長靴がはまって足だけ抜けてしまう。

開設と同時にやって来た利用者を園まで連れていくために、ぬかるむ坂道を職員がかついで上がったそうだ。そんな状態で始まったひのたに園の当時の入所者は、もっぱら地域で暮らしている、比較的重い障害のある人たちだった。

――当時はどんなかたが入所されていたんですか？

最初は車いすの人が20人、寝たきりも2、3人いたかな。

家族と一緒に暮らすことが難しくなった身体障害や知的障害のあるかたが、家族と世帯を分離して、生活保護を単独受給する形で、ひのたに園に入所していたのだ。今考えると特例的な措置に思えるが、今のように障害福祉サービスが地域にほとんどなかった時代には、「最後のセーフティネット」はまず初めに障害の重い人たちの受け皿を担った。そんな事情もあり、当時の施設の看板には「障害者施設　日野渓園」と書かれていたという。

もちろん、制度的な位置づけとしては、今も昔も変わらず生活保護法に基づいた救護施設である。

開設と同時に入所したかたの中には、障害のある3兄弟もいたそうだ。3人そろっての入所だった。また障害のあるかたが、地域の中で、今ではなかなか想像がつかないような状況に置かれていたことも分かった。

障害のある人は家族の一人に数えへん。要するに座敷牢。そういう人もいはった。

兄弟が結婚することになって、でも相手がたには隠しているので急いで入所させてほしいと。せやから面会の通知や行事のお知らせを送らないでくださいと。相手がたにばれてしまうから。そういう人は家では座ったっきり、寝たきりだから、はじめはハイハイ歩き。でもしばらくすると歩けるようになる。

開設と同時に、何十人もの障害のある人たちを受け入れ、限られた職員たちでその生活を支えながら、ひとつ屋根の下で暮らす。手探りの状況の中で、職員を集め、生活環境を整え、食事を用意した。初代の栄養士を務めたかたは当時の厨房の様子をこう語る。

初めて園に行った時「6月1日の開園まで少しずつ準備してくださいね」って言われて。職員は園長さんも合わせて10人くらいやね。園生さんは3~5人ずつとか福祉事務所が連れてきてくださって、約1年経って100人になりました。全然動けない人や、口だけ達者な人、いろいろな人がおりました。初めての給食はカレーライスとサラダ。園生は15~16人でしたけど、当時はルーを作るところから。

今の半分以下の職員数で、障害のある人たちの暮らしを支えていたという。当時、「支援員」は「寮母」と呼ばれ、「利用者」は「園生」と呼ばれていた。今では年間60人近くいる退所者も、当時は病院に入院するかたや亡くなるかたのみで、1年に数えるほどだったという。

卒業することのない全寮制の学校、そんなイメージがしっくりくるかもしれない。いつも一緒のメンバーで、今よりもずっと家庭的な雰囲気だった当時は、季節行事やバス旅行、他救護施設との合宿形式の交流会、様々な行事が催された。

座談会の企画を終えてしばらくした後、映像としても見ておこうと思い、昔の記録が保管された段ボール箱から「1990年　節分　お花見会」と書かれたVHSのビデオテープを引っ張り出した。VHSを触るのは小学生の頃以来だったが、古い備品のブラウン管テレビをよいしょと運び出して、ホコリをぬぐってビデオデッキにテープを差し込むと、職員や利用者、その家族たちが体育館に座ってすき焼きをつつく、ほのぼのとした様子が映し出された。まるでホームビデオだった。他のビデオにも、みんなで劇を発表したり、カラオケ大会をしたり、運動会をしたりと、家庭的な雰囲気が画面いっぱいに溢れていた。

今の入所者のほとんどは、家族と縁が切れていたり、関係が悪化しているけれど、当時は近隣地域から来た人も多く、家族もよく面会に来ていたそうだ。お盆や正月には半数以上の利用者が家族のもとへ帰省していたという。

ブラウン管の中に、若き日の節子さんを見つけた。今より身体ががっしりしているが、雰囲気は変わっておらず、一目で分かる。今と変わらず「せんせい」を1・5倍速で歌っている。50年前から暮らしているヤス江さんの姿もあった。背中が丸まっていないヤス江さんの立ち姿は逆に新鮮だったが、面影は今と変わらない。

「男の子いはるわ！　大津にいはるわ！」

ヤス江さんの入所番号は7番だ。記録を見れば、開設日の翌日、1970年6月2日に入所している。つまり、これまでひのたに園で働いてきた全ての職員と関わり、ほぼ全ての給食を食べ、全ての行事に参加してきたことになる。そんなヤス江さんにも、50周年記念誌の作成にあたって、最古参の利用者としてインタビューをさせてもらった。

——いろいろお話聞いていいですか？

あん！

——ヤス江さんって、お生まれどこですか？

びわ町！　川道！　かわみち！

——今は合併して長浜市ですね。琵琶湖のすぐ近くですか？

うん！

かしこまった雰囲気にしてしまったからか、最初は緊張気味のヤス江さんだったが、時間が経つにつれてほぐれてきた。

ヤス江さんの出身は旧びわ町の川道という場所。今は合併されて長浜市になっていて、もう町名は残ってない。だけれど20年余りを家族と過ごしたびわ町はヤス江さんにとっては、どこよりも大事な故郷で、園内ですれ違っても突然「びわ町知ってるか⁉」と何の脈絡もなく尋ねてくるぐらいだ。そして22歳で生まれ故郷を離れて、車で2時間近く離れた場所にある日野町へとやって来た。

〜〜〜〜〜〜〜〜〜〜〜〜

――ヤス江さんここでの生活長いけど、何か思い出はありますか?

文化祭！　ご馳走（ちそう）食べたわ。お寿司とかたい焼き！

――旅行は行った?

遠いところ行った！　ペンギンいっぱいいてたわ！

ペンギンがいっぱいいいたというのだから、以前に園の旅行で水族館にでも行ったのだろう。50年間の思い出をもう少し掘り下げてみたいと思い、質問を重ねてみた。

――他のみんなと行ったんですか?

〜

〜〜〜〜〜〜〜〜

車で行った。ようけ行った。

——どこ行ったか覚えてます?

……

50年間過ごしているのだから、恐らくいろいろな場所に行ってきたのだと思うが、どこへ行ったのか聞いてもヤス江さんは答えに窮していた。具体的な場所や土地の名前を答えるのはヤス江さんには難しいかもなあ、と思いながら、次はどんな質問をしようかと考えていると、突然ヤス江さんが声をあげた。

〜

男の子いはるわ！　大津にいはるわ！　預けてはるわ！

〜

それまでの会話の脈絡から逸れたため、一瞬何のことを言っているのか分からなかったが、すぐ気がついた。男の子というのは、ヤス江さんの息子さんのことだ。そういえば、ヤス江さんには息子さんがいると記録にも書かれていた。ヤス江さんはそのまま息子さんの話を続けた。

〜

赤ちゃん生まれはった！　大津病院！　大きい病院！

〜看護師さんもようさんいはるわ。男のひともようさんいはるわ。

実はヤス江さんが息子さんを出産したのは、入所の半年前だった。記録には一言だけ「本人は養育能力に欠けるため、乳児院にて保護する。その後については不明」と書いてあった。僕が働き始めてからは、家族と連絡をとることはなかったため細かい経緯は分からないが、生まれてすぐに離れ離れになって、今に至ることになる。

〰〰〰〰〰〰〰〰〰〰〰〰〰

――ヤス江さんお母さんだったんですね。名前覚えてますか？

そうきちって名前！　男の子！

――そうきちって、ヤス江さんがつけたの？

役場の人がつけてくれた！　大きなってはるわ！　元気にしてるわ！　はたらいてはる！

知的障害のあるヤス江さんに代わって、市役所の職員が名前をつけたのだろう。ヤス江さんは、これまでのどの話題よりも意気揚々と話していた。そんな息子さんも、今も元気なら50歳を超える年齢だから、もうすっかり「大きなってはる」わけだが、大人になって元気に働いていることをどこかのタイミングで聞いたのかもしれない。

――何してますかね、今ね。

大津で働いてはる！　お金ようけもらってはるわ！　大津知ってるね！　大きい病院。大津の病院行ってきて！　看護師さんもようさんいはるわ！

〜〜〜〜〜〜〜〜

そうきちさんが生まれた病院で見た光景も強烈に印象に残っているのだろう。その後もヤス江さんは「大津の病院行ってきて！」と連呼した。

生まれ育ったびわ町、そして息子を産んだ大津。日野町で暮らすようになってから50年経っても、その二つの場所がヤス江さんの心のど真ん中にあった。

開設当初の職員さんは、開設当初は園を無断で抜け出す利用者が絶えなかったと言っていた。みんな向かう先は一つ、自分の家だ。みんな、家に帰りたい気持ちや家族と会いたい気持ちを抱えながら、園での暮らしに慣れていった。ほとんどが障害のある人だったこともあり、万が一事故にでもあったら大変だから、そのたび職員総出で近隣地域を捜し回ったという。

ヤス江さんも、生まれたばかりの息子と離れ離れになり、戸惑いの中でひのたに園での生活が始まったことは想像に難くない。それでも、その現実をヤス江さんなりに受け止めながら50年を暮らしてきたことになる。そして法人の人事の都合で毎年やって来ては去っていく数多（あまた）の職員たちの名前を毎年尋ねてきたのだろう。

開設当初から暮らしている人はみんな、時代や環境が作り出した様々な事情の中で、誰かと離れ離れになり、何かを失いながらも、この場所で自分なりの暮らしのスタイルを見つけ、今まで過ごしてきたのだ。1日というサイクルが365周重なって1年となり、そのサイクルが50周重なって50年となる。そうやって時計の針がぐるぐると回り続ける中で、それぞれの物語を生きてきたのだろう。

久しぶりに故郷や息子の話ができたヤス江さんは、インタビューが終わってからもハイテンションで、いつになく嬉しそうだった。

歴史の染みついた場所で

当初は障害のある人を受け入れていたひのたに園だが、次第に重い知的障害や身体障害のある人を受け止める施設やサービスが生まれ始めたことで、重い障害のある人の新規入所は減っていった。その代わり、元号が平成に替わった頃から「新しいお客さん」がやって来るようになった。

そのうちにだんだん、ホームレスとか精神障害のある人が多くなってきて。今度はこっち（お酒を飲むポーズ）。アルコール依存症の人で、公衆電話から隠れてお酒を注文して、園の裏からお酒をもらってきはった人もいたね。

〰〰〰〰

知的障害や身体障害のある人がほとんどで、家庭的な雰囲気の中、どんな時も何らかの手助けが必要だった人たちを相手にしていた職員にとっては、自分でお酒を注文できてしまうような人を支援するというのは、全く別の仕事のように思えたかもしれない。

けれども、開設当初から暮らしていたかたたちが高齢化するにつれ、入院したり、亡くなったりする中で、新しく入ってきた身体が元気な人の割合もどんどん増えていった。今では日常的な介助やサポートが必要な人は2割程度で、寝たきりのかたやもう先が長くないかたの傍らで、様々な事情を抱えた人たちがやって来ては去っていく、そんな不思議な空間ができ上がっている。

ヤス江さんはまだ元気だが、開設当初から暮らしていた人の数名は、僕が働き始めてからの数年の間に亡くなった。そんなひのたに園には、交流センターの中にある扉を開けると、大きな仏壇がある。遺骨が置かれているわけではないが、ひのたに園で亡くなった方々を悼むための場所だ。

この地にひのたに園ができてから50年。ここは無味無臭で透明な施設ではなくて、たくさんの人が日常を過ごし、様々な感情を体験してきた場所だ。この場所に染みついたそんな歴史の気配を感じながら、ここで亡くなった人たちにどこか見守られているような気持ちで、日々は営まれている。

今日も歩こう会の時間がやって来る。ヤス江さんは今日は一番乗りですたすたと駆けつけた。相変わらず腰は曲がっている。

いつものように曲を流し、ぐるぐるぐるぐる、みんなで歩く。歩き終わったら、何百回と聞いたラジオ体操の音楽が流れ始める。そのすぐ傍らには、仏壇がある。ひのたに園の1日が、また始まった。

コラム#8

ひのたに園の大みそか

「宿直」というのはひのたに園の職員にとって特別な1日だ。

宿直は約100人が寝泊まりする施設の夜間の見守りや、就寝・起床にあたっての介助を担当するシフトのこと。週に1回ほどやって来るから、生活支援員だと年間50回は宿直をすることになる。毎日男女一人ずつが配置され、朝9時に始まって翌朝9時半まで時計2周分の24時間半の勤務だ。

夜22時から朝5時までは一応休憩時間となっていて仮眠もとれるが、夜中に残業することや、仮眠中にコールが鳴って呼びだされることも多い。それに朝と夜は体力を使う介助業務が待っているから、帰る頃にはいつも、徹夜明けにも似た疲労感に包まれている。

特に覚えているのは、ある年の大みそかの宿直の夜。ひのたに園では毎年「年越しそば」と称して、夜9時から全員にカップラーメンが配られる。

大きな鍋に100人分のお湯をたっぷりと沸かし、お玉で次々とお湯を注いでいく。カップラーメンのフタを開けて列をなす様子は、まるで炊き出しのようだ。「これじゃ、年越しそばじゃなくて、年越しラーメンじゃねえかよ~」とそんなツッコミもいれながらも、大みそかの興奮で少しソワソワしている利用者たち。

普段夜9時には静まり返っている食堂もこの日だけは、紅白歌合戦が流れる中でみんながずるずるとカップラーメンをすすっていて、賑わいに満ちている。ただ、この特別な日も宿直職員は男女ペアの二人だけだから大忙しだ。

そして翌朝は元旦。「おはようございまーす」といういつもの挨拶が、その日だけ「あけましておめでとうございまーす」に変わり、朝食を食べ終わると、有志の利用者たちとともに近くの神社に初詣に行く。順番に鐘をつき、みんな手を合わせる。

宿直の勤務時間はもう終わっているけれど、僕もそこまではご一緒して、お正月を満喫して家に帰った。

エピソード

9

「まあ、いつまでおってもあれやでなって」

退所をめざす藤原さん

宿直明けの再会

「気つけて帰りや〜」

そう利用者に見送られながら坂を下り、家へと車を走らせる、ある日の宿直明け。ハンドルを握る身体は少し火照っているけれど、「明けの疲れなんか忘れて優雅でリッチなアフタヌーンを満喫してやるぜ」と心の中で意気込んで帰る道中。帰宅したらすぐにシャワーを浴びて、近くの駅の前にある喫茶店「ライフ」に向かった。

「ライフ」は昭和レトロな空気が漂う、カフェというより喫茶店という名前が似合うお店だ。

柔らかなＢＧＭが流れる店内は、いつ行っても空いていて、いつも同じおばちゃんが迎えてくれる。メニューには、飲み物と軽食以外にも、ピラフやナポリタン、ハンバーグに焼きそば、それに10種類以上の定食が、びっしりと並ぶ。自宅で作れる料理のレパートリーが限りなく少ない僕にとって、こういうお店はありがたい。

席につき、カバンから取り出した本を開いて、注文したコーヒーと焼きプリンを待っていると、向こうから近づいてきた男性に急に顔を覗かれた。

「あ、やっぱりみよださんだ！」

びっくりして見返すと、3か月ほど前にひのたに園を退所した石渡さんだった。

「あれ、石渡さん！　ご無沙汰してます。ってか、なんでここにいるんですか」

「いや、親戚の集まりがあってさ。もう帰るとこだけど。店入ってきた時から気になってたんだよー」

奥を見ると、普段のその店には似つかわしくない大人数の集団がテーブルを囲んでいる。若い人から年配の人までいて、確かに親戚同士の集まりという感じだ。それにしても、園内ではいつも上下ジャージ姿だった石渡さんが、落ち着いた柄のチェックシャツにジーンズをはいているのはなんだか新鮮だった。ひげも綺麗になっているし、園内では「みよちゃん」だった呼び名も「みよださん」に変わっている。まるで別人のようだ。

「そういえば、あれから仕事は？」

「あー、あそこはすぐに辞めたわ。ほんまクソやった。でも次が見つかってなんとかなってるよ」

石渡さんは派遣切りにあい、9か月ほどひのたに園で暮らした後、寮付きの建設会社に就職が決まったのだった。親分気質のある男性が社長で、刑務所出所者なども数多く雇用している会社だった。仕事が見つかった時は「やっと決まったで〜」と照れながら報告してくれたが、長くは続かなかったようだ。でも元気そうでなによりだ。

それに家族の関係はあまりうまくいっていないと聞いていたけれど、親戚の会に身を置いているくらいだから、少しは関係も良くなったのかもしれない。すでに石渡さん一行は会計を済ませようとしていたから、ゆっくり話す時間はなかったけれど、「お互い頑張りましょう」と小さく声をかけて別れた。

「地域移行」と「半年の壁」

ひのたに園での暮らしから、アパートや派遣寮での生活、または家族のもとに戻っての生活など、地域での生活に移ることを「地域移行」と呼ぶ。

「地域移行」という場合の「地域」という言葉は、施設や病院などの大きな箱の中での生活と対比されて使われる。ひのたに園では年間約60人の退所者のうち「地域移行」しているのは7〜8割だ。残りの2〜3割には、病院に入院するかたや亡くなるかたも含まれる。喫茶店で遭遇した石渡さんも、ひのたに園からの地域移行を果たした一人だ。

地域移行は、本人の希望に基づいて、福祉事務所などとも相談しながら進めていく。ただ出たいと言えばすぐに出られるものでもなく、仕事をしたいなら職場を探して、面接を受けないといけない。「ワシはもう仕事はええわ」と職業人生からの引退を決めた人だって、賃貸アパートの確保や契約、家具の準備、そのための最低限の貯金など、必要な手順を踏む必要がある。身元保証人となってくれる親族がいなかったり、家賃の保証会社の審査がなかなか通らなかったりして、ここで躓く人は少なくない。

さらに、スマホやプリペイド携帯を購入して様々な契約にあたって必要な連絡先を手に入れる場合があれば、身分証や保険証から発行しなければならない場合もある。返せないほどの借金があれば自己破産手続きが必要で、病気やケガがある人は治療が落ち着いてから、ということになる。

仕事を見つけるだけの人は、数日~1か月で出ていくことも多いが、置かれた状況や次の生活の希望はまちまちで、人によっては数か月~数年かかることもある。

「あの人、地域移行にはなかなか時間かかりそうだねえ」

「今年度、地域移行者は何人になりそう？」

ひのたに園で働いていると、毎日のように「地域移行」という言葉が飛び交う。

そんな中、僕より1年前にひのたに園にやって来て、地域移行の推進に特に力を注いでいた園長がぽろりと、

「地域移行には、半年の壁があるような気がするんだよなあ」

と呟いていた。

聞いてみると、地域移行できる可能性がある人は入所して半年が経つまでの間に地域移行するのがよい、ということらしい。

入所した頃は、園内生活への不満も「ここを出るまでの我慢だ」と飲み込めても、半年を過ぎる頃には「いつまでここにいなければいけないんだ」という焦りに変わってくる。そうすると施設生活への苛立ちや周囲とのトラブルも増え、どんどんネガティブな感情が蓄積していく。そして気づけば肝心の地域移行に向けた手続きは滞り、「こんなところにはもういたくない」と言いながらも、ずるずると入所期間が延びてしまうという状況が生まれてしまうのだ。

ライフで再会した石渡さんも「半年の壁」を越えたかただった。石渡さんは幸い、その後どうにか仕事を見つけたが、確かに当初は紳士なかたという印象だったのが、半年を過ぎた頃から、徐々に苛立った様子が目に付くようになっていた。

半年というのはあくまでの目安だが、自分の経験を踏まえても、すぐ出られる人はすぐ出た方がいいと思う。善は急げ、なのだ。

「いつまでおっても、あれやでな、って」

そんな教訓もあり、職員もできるだけ早いタイミングでの地域移行の実現を心がけてはいるが、「ここを出て、いつかは一人暮らしを」と思い続けながら、「半年の壁」を軽々と越えて、入所期間が数年に及んでいる人も少なくない。藤原さんがその一人だ。

藤原さんは、入所して5年目になる。すれ違うといつも笑顔で挨拶してくれて、笑うとニカッと目が細くなる柔和な男性だ。入所当初は他利用者とのトラブルもあったようだが、半年の壁もその先の壁も越え、施設生活に心の底から慣れてしまったのか、今ではすっかり穏やかに暮らしている。

高齢の利用者とも仲が良く、開所当時から暮らしている光郎さんのことも「みっちゃん」と呼んで、時々食堂で手を握りあって過ごしている。学生時代はラグビーをやっていたという身体はがっしりとしていて、雪かきや草刈りなど、力仕事の人手が必要な時にはまず一番に駆けつけてくれる。

藤原さんはひのたに園に来る前、警備会社を転々としていた。工事や事故の現場に立って、旗を振っていたそうだ。三重県で働いていた頃に解雇され、ふと向かった名古屋駅の前でうろうろしていると、声をかけられた。

「働き口探しとるんか?」って聞かれて、「はいー」って言ったら「俺、警備会社のもんやで、ちょっと待っとって」って。

「そんな人について行って大丈夫なのか……」と思ってしまうが、そのまま車に乗せられ、滋賀県へ連れてこられたという。そのまましばらく滋賀で働いたが、また解雇されてしまった。そして、近くの福祉事務所に相談したところ、ひのたに園を紹介された。

入所した時点で、すぐ仕事に戻れる体力もあったが、また寮付きの派遣会社に就職してしまえば、解雇された時に住む場所も失い、生活が振り出しに戻ってしまう。そこで、まずはアパートを見つけて生活が安定してから仕事を探そう、という話になった。本人も周囲も、ひのたに園での生活は長くても1年、くらいの見込みだった。

しかし、藤原さんの生い立ちを丁寧にたどってみると、これまでの勤め先は全て寮付きで、厳密な一人暮らしの経験はなかったことが分かった。寮暮らしの場合、面倒な手続きや支払いは会社に任せてしまえるから、特に何も考えずに暮らせてしまう。一度も経験したことのない単身アパート生活を、いきなり始めることは難しい。

それに、経験してきたのは、警備の仕事だけだった。その事実は、他の仕事にはつけなかったということも意味する。園内でもいろいろなことをお願いしていたが、手順の複雑な作業にはいつも時間がかかっていたから、一人暮らしの中で様々な壁にぶつかることも予想された。

そんな事情もあり、職員と本人の間で「地域移行はなかなか難しそうだなあ……」という感覚だけが徐々に膨らみながら、打開策が見つからないまま気づけば5年が経ってしまったのだった。

そんなある日、藤原さんと同世代の小柴さんという男性が、2年ほどの園内生活を経て、一人暮らしへと旅立った。みんなで小柴さんを見送る間、藤原さんに心境を尋ねてみた。

──小柴さん、ついに退所ですね。藤原さんも、今後のビジョンとか、考えてるんですか？

今日、小柴さんが出られて、そういうの見てると、ちょっと、えっと、まあ、いつまでおっても、あれやでな、って。

〜〜〜〜〜〜〜〜〜〜〜〜

藤原さんは、小柴さんの背中を見送りながら、珍しく物憂げな表情を浮かべてそう呟いた。「いつまでおっても、あれやでな」。園内生活にこれといった不満はないけれど、自分のようなまだ身体の元気な人間がずっと居続けるような場所ではない。その口から慎重に紡がれた言葉には、藤原さんのそんな率直な気持ちが滲んでいた。

実は、藤原さんと同じように、地域移行の希望は持ちながらも、一人暮らしの経験が乏しかったり、施設での生活が長引きすぎたりして、いきなり一人暮らしに移ることが億劫になっている人は少なくない。

初めて気づく「底力」

よく考えてみれば、誰だって一人暮らしを始める時は不安なものだ。事実僕だって、えいやと始めた滋賀での一人暮らしだったが、1週間放っておいたカレーを食べれば、お腹を壊すことも知らなかった。アパートを借りる時には家賃以外に〝共益費〟なる費用を取られることも、シャワーや冷房を使いすぎると水道代や電気代がビックリするほど跳ね上がることも。

僕の場合は、分からないことはネットで調べられるし、困ったら相談できる家族や友人がいたから「まぁ何とかなるでしょ！」と能天気に踏み出せたが、ひのたに園を出る多くの人たちの中には、そうはいかない人だっている。

そんなかたたちの背中を押すために、数年前から一人暮らしの練習用の部屋として、ひのたに園から歩いて10分のところにあるアパートの2部屋を借りあげて、一人暮らしへのスタートを後押しする取り組みが始まった。

早速、希望者の中から2名が選ばれた。基本はアパートで生活しながら、お昼ご飯だけは園に食べに来るような形で、一人暮らしをデモ的に体験しながら、半年~2年ほどかけて暮らしのノウハウを身につけてもらうのだ。

これは一応「居宅生活訓練事業」と言って、救護施設が実施できる事業の一つとして国から正式に位置づけられている事業でもある。細やかな取り組みであるが、長年、一人暮らしに移れなかった人からすれば、大きな一歩となる。

数名がこの取り組みを利用して地域へと旅立っていった頃、ついに藤原さんの番が回ってきた。

体験用のアパートで暮らしながら、朝に施設に来て夕方には帰る日々。「帰る場所だったひのたに園が通う場所になるのは、不思議な気分ですね」と藤原さんも嬉しそうな様子。コロナ禍ということもあり、新たに契約したスマホで、毎朝7時に体温をLINEで送ってもらうことにもなった。

「おはようございます。今日は36・5度でした。今日はお昼に園に行きます」

「分かりました。雨なので気をつけてくださいね」

毎朝のなんてことのないやり取りだが、スマホなんて使ったことがないという人にとっては、電話以外の方法で誰かと連絡をとる習慣を身につけるためのいい機会にもなる。
加えて週に1回、支援員とその週を振り返りながら、使ったお金や用途に無駄がないか、レシートを見ながら確認するなどのサポートをしていた。お金を使いすぎていたり、気になる支出があったら、その都度助言をしながら、アパート生活は大きなトラブルなく続いた。

数か月が経った頃、藤原さんが面白いエピソードを話してくれた。近所の知り合いから、鹿の肉をもらってきたというのだ。

——鹿の肉なんて、誰にもらったんですか？

となりに猪とか鹿とか解体するところがあって、日曜日に朝見ているとお肉分けてくれたんですよ。他にも近くの畑やってる人から野菜の食べかたいろいろ教えてもらってますよ。

〜〜〜〜〜〜〜〜〜〜〜〜

アパートの近くには、滋賀銀行の支店や商店以外に、確かに食肉の解体場があったが、そこのことか。ビックリだった。「一人で自炊するには、最低でもお金の管理や無駄のない買い物ができるようにならなければいけない」という想いから毎週レシートを丹念にチェックしていた僕らからすれば、そんな形で藤原さんが食料を手に入れるなんて思ってもみなかったからだ。

僕らは一人ひとりの支援の計画を立てる時「おつりの計算ができるようになったら、買い物に一人で行ってもらう」とか「計画的な貯金ができるようになったら、地域移行を検討する」といったように「○○ができるようになったら」という言い回しを使いがちだ。そんな時、僕らは「何かができる」ということを、段階を踏みながら直線的に積み上がっていくようなイメージで捉えている。算数のドリルでいえば、1桁の足し算をクリアしたら次は筆算を覚え、そしてようやく2桁の足し算ができるようになる、といったように。

しかし実際のところ、ことはそんなに単純ではない。この場合、周囲の関係性から切り離された「個人」の能力を高めることを前提にしてしまっている。衣食住が保障され、人間関係も固定された施設という場所の中でだけ接していると、ついついそういった考えかたに陥ってしまうが、人の生活というものは、隣人の存在や周囲の環境など、多くの変数の相互作用の中で成り立っている。できないことがあったって、別のやりかたで乗り切ったり、人に頼ったりすればいい。

そして、ひとたび地域で暮らしてしまえば、地域移行のために僕たちが用意していたドリルには載っていない「近所の人と仲良くなって、お肉をおすそ分けしてもらう」なんていう項目を、もうずっと前に藤原さんは習得していたことを知らされる。学校の勉強と、人の暮らしは違うのだ。

鹿の肉はその人に教えてもらった方法で調理して、美味しく食べたそうだ。カレーぐらいでお腹を壊していた自分がもはや恥ずかしくなる。

藤原さんはすでに練習を始めて1年以上が経つ。短時間ではあるが、軽作業を受注していた地元企業に一人で仕事に行っている。一応、練習用のアパート暮らしは2年の期限があるから、それまでに地域での暮らしが叶うよう、本格的に準備を進めているところだ。

自由な暮らしは時に寂しい

仕事を見つけたり、一人暮らしを始めることを「自立」と呼んだりもするが、「自立」を果たしてもらいさえすれば万事OK、というものではない。その先に、思わぬ落とし穴がある。例えば、自立した先にある「生活保護を受給しながらの単身アパート生活」というものを想像してみよう。

アパートでの一人暮らし。施設の喧騒から解放された、自由な日々。誰にも干渉されない。やらなければならないことは、毎月決まった日に、福祉事務所の窓口で生活保護費を受け取ること。地域にもよるが、家賃や生活費などを含めて月8～9万円ほどか。口座振込の場合は、近くのATMで入金を確認するだけ。仕事はないから、日中は特にすることがないし何かをする必要もない。食事だって、近くのスーパーかコンビニで今の時代それなりのものがそろう。いきなり引っ越したアパートだから、周りに知り合いがいるわけでもない。顔を合わせる相手と言えば、レジの店員さんくらい。

職員も含めて130人が毎日のように顔を合わせる、ショッピングモールのような人口密度のひのたに園から一歩外へ出ると、暮らしは様変わりする。最初の頃は自由を謳歌（おうか）していても、気づけば、広い社会にぽつんと一人ぼっちでいるような状態に変わってしまう。

もちろん、一人が好きという人もいるから一概には言えないが、困った時に頼る人もいないのでは、安心できる暮らしとは言えない。それにべったりとした付き合いでなくても、誰かと日々顔を合わせ、隣人の暮らしの気配を感じ、何気ない挨拶や会話を交わすことが、人の気持ちを安定させてくれるというものだろう。そんな相手さえもいない暮らしは心身を消耗させ、生活も徐々に崩れていくことがある。自立は時に、孤立へと姿を変えるのだ。

事実、ひのたに園ではこの10年ほどで一人暮らしに移る人たちが増えたが、中には、その後に誰とも連絡がとれないまま生活が破綻し、ひのたに園に再び戻ってきたり、最悪の場合、自宅で誰にも見守られないまま孤独死してしまうようなかたもいた。

そこで、定期的な連絡や訪問を通じて、ゆるくつながりながら生活を見守れるような取り組みも始めた。藤原さんの気持ちに火をつけた小柴さんも、そんなサポートを受けながら、地域で暮らしている一人だ。

小柴さんは入所した時、親戚の受け入れ準備が整うまでの半年間の利用ということになっていたが、半年経っても親戚からの連絡は一向になく、気づけば2年が過ぎていた。

その間「わしはどうせすぐ出るから」と言って園内の作業や活動にも関心を示さず、何もせずに過ごしていたところ、当初はどちらかと言えば痩せていた身体は、15キロ近く体重が増え、2年後には、月に一回の体重測定で園内でも1位、2位を争うトップランカーに登りつめてしまった。健康のためにラーメンやお菓子といった間食を控えた方がいい、と何度も伝えたが、「ここの飯じゃ塩気が足らんのや」と一向に体重は減らなかった。

そんな折、小柴さん本人も「もう親戚を待ってられないから」と自力でアパートを見つけて、一人暮らしをしようということに決まったのだ。

アパートが見つかった後も、ひのたに園との連絡をとり続けていた小柴さんだが、仕事は引退するけれど、何もすることがないのはあれだから、ということで、ひのたに園が地域の小さな畑で続けている農作業に参加してもらうことになった。月2回程度だが、一人暮らしの中で時折、見知った職員や利用者と声をかけ合いながら汗を流す時間はいいリフレッシュになる。

施設を出て2年が経ったある日。地域の方々向けに収穫した野菜の販売会をすることとなり、小柴さんが売り子を申し出てくれた。久しぶりに会うので楽しみにしていたが、会場に姿を見せた小柴さんは、見違えるほどスリムになっていた。

「あれ！　小柴さん、ずいぶんスリムになられました？」

「ああ、医者から痩せろって言われたんや。昼を時々抜いてんねん」

園にいる時にあれだけダイエットを勧めたのに落ちなかった体重が、こんなにすぐに落ちるとは。様々なストレスから解放され、自分の意思で生活を組み立てていくことで、身心がポジティブな方向に動いていくことを思い知らされる。

地域移行については、引き続きノウハウの蓄積や共有にも力を入れ、マニュアル作りや職員向けの研修を進めているところだ。

救護施設、ゆく人、くる人

ひのたに園に、やって来る人、出ていく人、残り続ける人。その道は様々だ。

ひのたに園では自立をめざす人の傍らで、ヤス江さんや光郎さんのような、介助を受けながら長く暮らす高齢者がいるからか、「ここから出てもいいし、出なくてもいい」という空気が、絶妙なバランスで生まれているように思う。

だからこそ、暮らし続ける人の生きがいとなる活動にも力を入れている。

3年前に始まった陶芸活動では、日野町の陶芸作家の女性に来ていただき、週に1回、希望者とともに陶芸活動に取り組んでいる。「アトリエ・セラミカ」という活動だ。「セラミカ」というのはポルトガル語で「陶器」を意味するそうで、活動が始まった当初に参加していたブラジル人の女性が命名した。

他にも、小柴さんが参加していた農業活動や太鼓のグループなどもある。定期的に、地域のお祭りに参加して発表の機会をもらったり、その場で野菜や陶器を販売している。

どれもささやかな取り組みではあるが、入所してから数年間施設から一歩も外に出ず、食事の時以外はずっと自室に閉じこもっていたような人が、陶芸活動に関心をもったことをきっかけに初めて施設の外に出たこともあるくらいだ。何が誰にいつ刺さるか、それはやってみないと分からない。

宿直の日が、またやって来た。

昨日は飲みすぎたな、と少し後悔しながら車のエンジンを入れる。

途中のセブンイレブンで、昼・夜・翌朝と3食分をまかなえるよう、カップラーメンやおにぎりを買い込む。

坂が見える。ひのたに園が近づいてきた。

一度人生に躓いてこの坂を登る人もいれば、体力と気力を取り戻して、この坂を下りていく人もいる。時にドラマチックで時に平凡な人生を歩んできた、具体的な表情をもった一人ひとりが、この坂の上には暮らしている。

「また明日の朝まで、宿直がんばるかー！」

そう心の中で気合いをいれて、アクセルを踏んだ。

おわりに

最後まで読んでくださって、ありがとうございます。

9章にわたって、僕がひょんなきっかけから就職した、滋賀県のはずれにある施設で暮らす人たちのことを紹介してきました。楽しく読んでいただけたでしょうか。

救護施設、という場所のことはこの本を通じて初めて知ったかたがほとんどだと思います。本書はあくまで僕のひのたに園での体験をベースにした物語なので、「救護施設とはこういう場所だ！」と結論付けるものではありません。全国にはいろいろなタイプの救護施設があるでしょうし、そこから見える風景や課題もそれぞれでしょう。紙幅の関係で取り上げられなかった人もたくさんいます。それでも「日本の各地に似たような場所があって、いろいろありながらもほのぼのと時間が流れているのだなぁ」と身近に感じてもらえたらと思います。

おわりに

この本を書くにあたっては、「ケアの現場の風景」を広く伝えたいという想いもありました。

コロナ禍では社会が成り立つうえで欠かせない仕事をする人たちが「エッセンシャルワーカー」と呼ばれたりしました。この本に登場する救護施設の職員たちのような、ケアの現場で働く人も該当します。そして、その社会的な重要性は認識された一方で、ケアの現場で日々生まれている物語や、「支援している人たち」が日々感じているやりがいや葛藤、そして福祉サービスを利用する「支援されている人たち」の具体的な表情やキャラクターが、きちんと社会に届いていないのでは、ということも強く感じるようになりました。

というのも、ケアの現場で起きていることってなかなか伝えづらいのです。

1日仕事をしているだけでいろいろなコミュニケーションが生まれ、関係性が変化しますが、どれもその瞬間に生まれては流れ去ってしまうことばかりで、なかなか言葉が追い付かないのです。でも暮らしの現場で、人と人が身体的な接触を伴いながらゼロ距離で関わるからこそ、人と人が違いを持ちながら共にあることの面白さと難しさを痛感させるような、豊かな物語が生まれている。そして、全国各地にそんな現場がある。でもそんな物語のほとんどは、慌ただしい日々の中で言葉にならないまま、外の世界に届かないまま流れ去ってしまいます。そんな現状に、何かとても大きなものを社会全体が逸失しているような気さえします。

その結果、同じ分野で仕事をする仲間同士だと「あー分かるその感じ！」とポジティブに通じ合える現場での日々も、一歩外に出ると「大変な仕事なのに偉いね……」と哀れみと慰めが入り混じったような言葉で単純化されてしまう。そんなもどかしさを何度味わったことか分かりません。そんな中でも、一人の人間の人生や暮らしと正面から対峙する時に渦巻く小さな喜びや迷いを放し飼いにせず、少しでも捕まえて言葉にすることで、ケアの営みの意味や役割を再確認できる気がしています。

最近は介護ロボットやＡＩの活用への期待も高まっていますが、画期的なアイデア一つで何かがガラッと変わるような現場ではありません。人手が必要ですし、お金も必要です。社会的な評価や、働く人へのリスペクトをもっともっと高め、多くの人を巻き込んで盛り上げていく必要がある分野です。

だからこそ、救護施設での体験を通じて、「ケアの現場の風景」をきちんと伝えること。それも、福祉現場の雰囲気や業界用語を知らない人も共感でき、面白がってもらえるような表現で書ききること。それがこの本を書くにあたっての僕自身のミッションでした。それが成功したかは分かりませんが、ぜひ、身の回りのケアの現場に思いを馳せていただくきっかけになったら嬉しいです。

＊

また、この本を書くうえで、欠かせなかった取り組みの一つが「聞き書き」です。この本に出てこない人も含め、かれこれ20人以上の人に聞き書きをさせてもらったでしょうか。「聞き書き」とは第5章のコラムでもご紹介したように、あるかたから1、2時間かけて生い立ちをじっくり聞かせてもらう取り組みです。承諾がもらえれば録音し、聞いたままに書き起こします。最初は誰に言われるでもなく、勤務が終わった遅い時間や、夜勤明けの朝に、ユニークな生い立ちのかたや、何となく距離の近いかた、頼みやすいかたにお願いして、月に2、3回、見よう見真似で、個人的に取り組んでいました。

「あのー、生い立ちを聞かせてもらえませんでしょうか……？」

そんな風に尋ねるといろいろなリアクションが返ってきます。

「うん、私は時間はたっぷりあるから、いつでも大丈夫ですよ」

「なんでそんなこと聞きたいの？　まあ、かまへんけども」

「お！　そんなら今話したるわ！　あんな、わしはな……」

聞き書きが始まってからも、進みかたは様々。抑揚をつけて面白おかしく話してくれる人、「ちょっと録音止めてくれ」と言われレコーダーをしまったと思ったら、「ここだけの話やけどな……」と突然よく分からない秘密を打ち明けてくる人、話があちこちに脱線してしまい、時系列や事実関係を整理するだけで大変な人。

一番面喰らったのは、全て作り話だった人です。1時間たっぷり話を聞いて、「甲子園に出たことがある」とか「Hey! Say! JUMPのマネージャーをしていた」とか豪華絢爛なエピソードが次々飛び出して、「これは金の鉱脈を見つけた！」と興奮していたら、書き起こした後で、全て架空の話だと判明したのです。ちなみにその人は脳梗塞の後遺症の一つである「作話」という症状もあって、悪意なく架空の記憶を語りだしてしまう人でした。

また、聞き書きをさせてもらっている途中から、生い立ちとは全く関係のない謎の漢方の話が延々と続いてしまったこともあります。「腎臓の病気は彼岸花の根っこを乾燥させ足の裏に貼るといい」とか「喘息には、桜がいい。桜の枝を削った粉をお湯に入れて飲むといい」とか。完全に怪しすぎる内容ですが、延々と話は続きます。「録音はダメ」と言われていたこともあって必死にメモを取りましたが、「一体、自分はいま何を聞かされてるんだ……」と呆然としていました。

たっぷり時間をとったからといって、生い立ちを順番に聞いたからといって、その人の人生全てを理解できるわけではありません。人の語りに無防備に浸ると、こちらが窒息しそうになることもあります。淡い期待が裏切られ、あまりの情報量と脈絡のなさに圧倒されたまま時間だけが過ぎ、「この時間は一体何だったのか……」と途方に暮れることの方が多かったくらいです。

ただ、聞き書きがどんな結果に終わろうとも、普段の支援計画に基づいた、時にマニュアル化された支援を通じた関わりの中では見えてこなかった、一人の人間が内包する複雑さや曖昧さを再認識し、その人の見えかたが変わるのは事実です。それが相手への関心を生み、リスペクトにつながります。一筋縄ではいかない取り組みですが、確実に僕が働くうえでの糧になっていました。

ちなみに、聞き書きのような悠長（ゆうちょう）な時間を確保するのは、食事・入浴・排泄といった介助の仕事や身の回りのサポートに追われる現場ではなかなか難しいことです。実際にケアの現場に身を置いている人は頷（うなず）けるはずです。ただ、ひのたに園では幸運にも、取り組みを面白がってくれた園長が業務の一部に位置づけてくれ、今ではひのたに園の広報誌内の「人生いろいろ」というコーナーで、（救護施設では恐らく珍しいと思いますが）実名・顔写真付きで、毎号数名の生い立ちをご紹介しています。

*

救護施設のことをあれこれ偉そうに語ってきましたが、高校を卒業した頃、まさか大学を卒業した自分が生活保護の施設で社会人デビューを迎えることになるとは、思ってもみませんでした。

大学時代に障害のある人の話を聞いたことを機に、福祉の現場で働いてみようと思ったわけですが、言わずもがな、福祉学部のない大学では珍しい進路です。当時の友人たちからは「あいつ、どうかしちゃったのか」と怪訝（けげん）な目を向けられていたのかもしれません。

就活で出会った多くの社会人に進路相談をすると「気持ちは分かるけど、今でなくてもいいんじゃない？　ボランティアとかもあるし」と至極まっとうなアドバイスを立て続けにもらい、母に至っては、「福祉に興味があるのはイイけど、せめて厚労省とかにして！」と大反対されてしまいました。母に伝えた時にはもう気持ちは固まっていたので、「せめて厚労省、って（笑）」と心の中で妙に冷静にツッコんだのを覚えています。今となってはそれも笑い話ですが、当時を思い出すと、僕の進路を見守ってくれた多くのかたに「あ、御代田はこんな仕事をしていたのか」と伝えられる一冊がやっとできたようにも思います。

最後に謝辞を。

本書のもとになったのは「ひのたにの森から」というnoteでの連載（２０２１年9月8日～２０２２年4月20日）です。大学時代の恩師でもある野澤和弘さんが「御代田くん、救護での体験を思いっきり書いてみてよ」と声をかけてくださったことがきっかけで、救護施設の日々を文章にする長い道のりが始まりました。

東京からやって来た僕を温かく見守ってくださった齋藤園長には、原稿を完成させるにあたっての細かいチェックをいただきました。また、聞き書きを始めた当初から「救護施設での聞き書きは面白い！　それはいつか本になるぞ」と思い切り背中を押してくださった北岡前理事長をはじめ、法人の関係者の皆さんには感謝しています。本書でご紹介した物語のモデルになった利用者の方々、そしてこの本ではご紹介することができなかった利用者の方々も含め、多くの出会いの中でこの本が生まれました。

また、全国各地で介護・福祉の現場で仕事をしている同世代の仲間たち、多くの先輩たちとの出会いに励まされ、どうにか働き続けることができました。一人ぼっちでは、どこかのタイミングでつぶれていたと思います。

実際にひのたに園に来てくださり、味のあるイラストを仕上げてくださったイラストレーターの金井真紀さん、そしてデザイナーの渋井史生さん、一緒に本作りができて嬉しかったです。本書が生まれるきっかけを作ってくださった福祉楽団の飯田大輔さん、ありがとうございます。そして去年の2月に本格的に原稿を書き始めてから、出版まで伴走してくださった河出書房新社・編集者の高野麻結子さんには感謝しかありません。もはや、1年間無料でマンツーマンの文章講座を受けたような気分です。

救護施設で働き始めた頃は、自分が本を出すことになるなんて夢にも思っていませんでした。当時出会った多くの先輩たちに「メモを取れ、日記を書け。それがいつか宝になる」と言われたのを覚えています。当時はあまりピンとこないまま、言われるがままに言葉を残していましたが、今になってその意味がよく分かります。

出会いとタイミングに恵まれて、自分の体験を言葉にして多くの人に届ける機会をいただきました。

本書が多くのかたにとって、救護施設のような、自分の「向こう側」に広がっている日常に、思いを馳せていただく機会となったなら嬉しい限りです。

2023年6月

御代田太一（みよだ・たいち）

1994年、横浜生まれ。東京大学教養学部卒業。在学中に障害のある当事者をゲストに招き、講義を展開する「障害者のリアルに迫る」東大ゼミでの活動をきっかけに、福祉の世界に関心を持つ。卒業後は滋賀県に移り、社会福祉法人グロー（GLOW）が運営する救護施設ひのたに園にて生活支援員として３年間勤務。現在は法人事務局にて法人全体の事業の推進や企画を担い、福祉に関するリトルプレス『潜福』やnote等での発信も続ける。

よるべない100人のそばに居る。

〈救護施設ひのたに園〉とぼく

2023年６月20日　初版印刷
2023年６月30日　初版発行

著　者　御代田太一
絵　金井真紀
装　幀　渋井史生
発行者　小野寺優
発行所　株式会社河出書房新社
〒151-0051
東京都渋谷区千駄ヶ谷2-32-2
電話 03-3404-1201（営業）
03-3404-8611（編集）
https://www.kawade.co.jp/

組　版　株式会社キャップス
印刷・製本　三松堂株式会社

Printed in Japan
ISBN978-4-309-23136-5